Tilman Weigel

Vorsicht, Statistik!

Tilman Weigel

Vorsicht, Statistik!

Unterhaltsames und Interessantes aus der Welt der Statistiken

Bloggingbooks

Impressum / Imprint
Bibliografische Information der Deutschen Nationalbibliothek: Die Deutsche Nationalbibliothek verzeichnet diese Publikation in der Deutschen Nationalbibliografie; detaillierte bibliografische Daten sind im Internet über http://dnb.d-nb.de abrufbar.
Alle in diesem Buch genannten Marken und Produktnamen unterliegen warenzeichen-, marken- oder patentrechtlichem Schutz bzw. sind Warenzeichen oder eingetragene Warenzeichen der jeweiligen Inhaber. Die Wiedergabe von Marken, Produktnamen, Gebrauchsnamen, Handelsnamen, Warenbezeichnungen u.s.w. in diesem Werk berechtigt auch ohne besondere Kennzeichnung nicht zu der Annahme, dass solche Namen im Sinne der Warenzeichen- und Markenschutzgesetzgebung als frei zu betrachten wären und daher von jedermann benutzt werden dürften.

Bibliographic information published by the Deutsche Nationalbibliothek: The Deutsche Nationalbibliothek lists this publication in the Deutsche Nationalbibliografie; detailed bibliographic data are available in the Internet at http://dnb.d-nb.de.
Any brand names and product names mentioned in this book are subject to trademark, brand or patent protection and are trademarks or registered trademarks of their respective holders. The use of brand names, product names, common names, trade names, product descriptions etc. even without a particular marking in this works is in no way to be construed to mean that such names may be regarded as unrestricted in respect of trademark and brand protection legislation and could thus be used by anyone.

Coverbild / Cover image: www.ingimage.com

Verlag / Publisher:
Bloggingbooks
ist ein Imprint der / is a trademark of
AV Akademikerverlag GmbH & Co. KG
Heinrich-Böcking-Str. 6-8, 66121 Saarbrücken, Deutschland / Germany
Email: info@bloggingbooks.de

Herstellung: siehe letzte Seite /
Printed at: see last page
ISBN: 978-3-8417-7125-4

Copyright © 2013 AV Akademikerverlag GmbH & Co. KG
Alle Rechte vorbehalten. / All rights reserved. Saarbrücken 2013

Inhalt

Inhalt 1
Über Blog und Buch 3
Nutzloses Wissen 5
    Weniger Bier, mehr Brauereien 5
    Dortmund ist Sympathiemeister 8
    Die D-Mark war nie weg 10
    Mehr Waffenläden als McDonalds Filialen 12
    Sex and Crime 12
    Die höchsten WM-Niederlagen 14
    Seltene Kennzeichen 15
    Farblose Neuwagen 16
    UFO oder IFO – eine kleine UFO-Statistik 18
    Kinokrise? Schon wieder? 20
Wirtschaft und Politik 23
    Wie BILD einen Skandal erfindet 23
    Armut in den 1960er Jahren 25
    Mehr Geld fürs Soziale 27
    Wo kommen unsere Schulden her? 29
    Kommentar zur Staatsverschuldung 31
    Ostdeutschland Spitze bei Beschäftigung 32
    Wird die Kinderarmut unterschätzt? 34
    Kommentar zur Kinderarmut 36
    Erläuterung zum Nettoäquivalenzeinkommen 37
    Vom Euro zum Deutscho? 39
    Jugendliche im SGB II: Verrechnet 40
    Journalisten ohne Zukunft? 42
Technik 44
    Dreiste Spammer 44
    Heute gehen wir fremd 45
    Warum die Straßenbahn Statistik braucht 46
    Google, die Datenkrake 48
Bevölkerung 49
    Von wegen Multikulti in Berlin 49
    Zensus lässt acht Prozent der Aachener verschwinden 50
    Tempobereinigte Fertilitätsrate und Kohortenfertilität 52
    Ihr Kinderlein kommet 53
Gesundheit 54
    Selbstmord ist out 54
    Alles Einbildung ? Die Macht von Placebos 56
Wahrscheinliches und Unwahrscheinliches 58
    Wenig überraschend 58
    Mit Stochastik zum Lotto-Millionär? 59
    Mit an Wahrscheinlichkeit grenzender Sicherheit falsch 60
    Erläuterung zum Ziegenproblem 63
Landwirtschaft 65
    Eierstatistik 65
    Schrebers Gärten 66
    Pferdefleisch kaum gefragt 68
    Von Klärschlamm und anderen Leckereien 70

Über Blog und Buch

Statistik – ist das nicht ganz furchtbar langweilig? Nein, ist es nicht. In diesem Buch können Sie sich selbst davon überzeugen.

Seit 2010 versuche ich in meinem Statistiker-Blog unterhaltsame und interessante Statistiken vorzustellen. Dazu gehört neben einer Aufzählung der reinen Daten auch immer eine Interpretation. Was lässt sich daraus ableiten und was nicht? Sind die Zahlen überhaupt aussagekräftig?

Dabei bemühe ich mich, die Statistiken zwar leicht verständlich, aber trotzdem korrekt wiederzugeben. In wie weit das gelingt, mag der Leser selbst entscheiden.

Warum jetzt ein Buch? Weil ich hier einige der interessantesten und möglichst zeitlosen Statistiken ausgewählt und zusammengestellt habe. Manch viel gelesenen Beitrag habe ich bewusst weggelassen – weil die Daten heute längst nicht mehr interessant sind. Wen kümmert heute noch die Zahl der Arbeitslosen im Jahr 2010? Andere Statistiken sind dagegen auch in drei Jahren noch interessant – und das sollte bei einem Buch ja auch der Fall sein.

Ein besonderer Dank gilt meiner Frau, die viel zur Entstehung des Blogs und dieses Buches beigetragen hat.

Nutzloses Wissen

In diesem Kapitel habe ich interessante, aber nicht immer besonders wichtige Statistiken zusammengestellt. Hier geht es nicht um den Weltfrieden oder neue naturwissenschaftliche Erkenntnisse, sondern vor allem um Sex, Drugs und Rock 'n Roll, wobei eine interessante Statistik zum Thema Musik leider fehlt.

Weniger Bier, mehr Brauereien

31. Juli 2012

Die Deutschen trinken immer weniger Bier. Trotzdem gibt es wieder mehr Brauereien. Scheint so, als wandelten sich die Konsumenten von "Viel- und-Billig-Trinkern" zu Genusstrinkern. Das wäre so erfreulich, dass man es in einem deutschen Blog eigentlich gar nicht schreiben darf. Allerdings zählt die Statistik nicht selbständige Brauereien, sondern Braustätten. Betreibt ein Brauereikonzern mehrere Braustätten, werden diese getrennt gezählt.

Der Zuwachs ist zwar bescheiden, aber immerhin. Während das Statistische Bundesamt meldete, dass im ersten Halbjahr 2012 der Bierabsatz um real 2,4 Prozent sank, ist die Zahl der Brauereien von 2007 bis 2011 um 35 angestiegen, das sind immerhin 2,7 Prozent.

Vor allem die Großbrauereien brauten weniger. Bei einem von 2007 bis 2011 um 0,7 Prozent gesunkenen Ausstoß sank die Produktion der Braustätten mit mehr als 100.000 Hektolitern Gesamtjahresproduktion um 7,6 Prozent, darunter die derjenigen mit mehr als 1.000.000 Hektolitern sogar um 7,7 Prozent.

Dafür brauten die Kleinen mit weniger als 1.000 Hektolitern 4,2 Prozent mehr (wobei ein Zuwachs natürlich auch daher kommen kann, dass größere Brauereien weniger brauen und zu Kleinbrauereien werden).

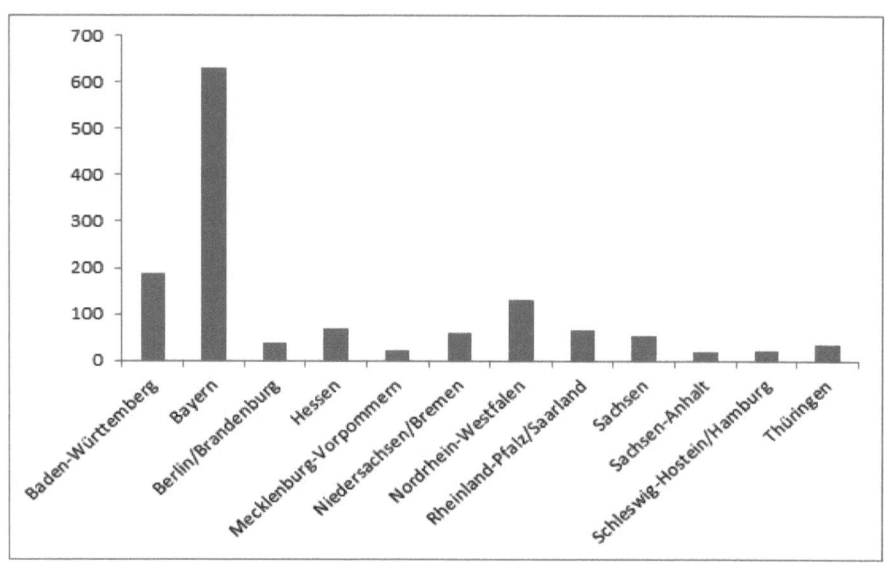

Bild 1 Zahl der Brauereien nach Bundesländern. Quelle: Statistisches Bundesamt

Im Gegensatz zum Ausstoß stieg die Zahl der Braustätten seit 2007 jährlich zumindest um eine, von 2010 auf 2011 sogar um neun oder 0,7 Prozent. Zugenommen hat sie seit 2010 vor allem in Rheinland-Pfalz und dem Saarland, nämlich um elf. Allerdings stagnierte die Brauereizahl dort vorher, seit 2007 erhöht sich die Zahl der Braustätten nur um zehn. Mehr sind es in Nordrhein-Westfalen, wo die Brauereizahl um 16 seit 2007 anstieg, das Land hat aber auch die meisten Einwohner.

Gesunken ist die Zahl der Braustätten vor allem in Ostdeutschland. In allen ostdeutschen Regionen ging ihre Zahl sowohl gegenüber 2010 und mit Ausnahme Mecklenburg-Vorpommerns auch gegenüber 2007 zurück. Sonst sank die Zahl gegenüber 2007 nur in Hessen – aber das Land holt auf, von 2010 auf 2011 gab es mit sieben Brauereien den zweithöchsten Zuwachs aller Bundesländer in diesem Zeitraum. Gegenüber 2010 sank die Zahl außer im Osten nur in Niedersachsen/Bremen und Bayern.

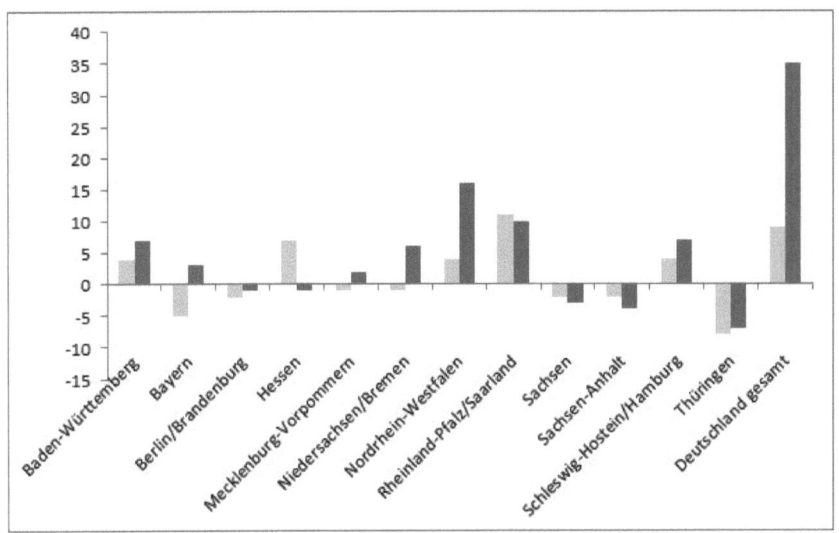

Bild 2 Absolute Zu- und Abnahme der Zahl der Brauereien im Jahr 2011 gegenüber 2010 (hell) und 2007 (dunkel). Quelle: Statistisches Bundesamt

Trotzdem bleibt Bayern das Land mit der höchsten Zahl an Brauereien. Selbst wenn man berücksichtigt, dass das Land die zweitmeisten Einwohner hat, ist ein Anteil von 47 Prozent an allen Braustätten noch beachtlich. Das Klischee vom biertrinkenden Bayern mit Lederhose vor Bergpanorama stimmt aber nur teilweise. Denn die meisten Brauereien liegen in Franken, vor allem in Oberfranken. Dort findet man auch Aufseß, dessen 1.300 Bürger von vier Brauereien versorgt werden und das laut Guinness Buch der Rekorde die höchste Brauereidichte der Welt hat.

Dortmund ist Sympathiemeister

25. März 2013

Bayern finden fast alle doof. Gemeint ist nicht das Bundesland, sondern der FC Bayern München. 30 Prozent der befragten Fußballinteressierten finden den Verein unsympathisch oder sehr unsympathisch. Bei Borussia Dortmund waren es nur 17 Prozent.

Allerdings haben die Bayern auch besonders viele Fans. Unter allen Mannschaften der Saison 2011/2012 haben nur die Dortmunder mehr Anhänger. 40 Prozent fanden die Bayern sympathisch oder sehr sympathisch, 45 die Dortmunder, beim FC Augsburg waren es nur 18 Prozent.

Damit sind die Schwaben neben Freiburg und Wolfsburg eine von drei Mannschaften, die weniger Anhänger als Gegner haben. Dass ausgerechnet drei kleine Mannschaften eine so schlechte Bilanz haben, hat einen einfachen Grund: Bei den Sympathiewerten sind die Unterschiede größer als bei der Ablehnung. Es scheint, als habe eine Gruppe von acht bis neun Prozent der Befragten einfach alle Mannschaften außer der eigenen als unsympathisch bewertet.

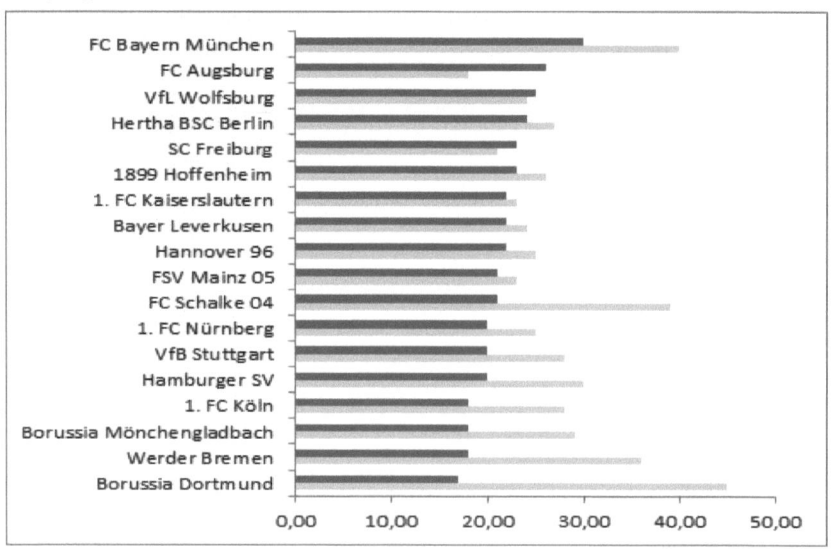

Bild 3 Anzahl der Befragten, die die jeweilige Fußballmannschaft sympathisch oder sehr sympathisch (hell) beziehungsweise unsympathisch oder sehr unsympathisch (dunkel) finden. Quelle: Statista.de

Das würde auch erklären, warum vor allem die großen und erfolgreichen Mannschaften oben stehen, wenn man die Zahl der positiven je negative Nennung betrachtet. Auf jeden Fußballinteressierten, der Dortmund unsympathisch findet, kommen 2,6 Befragte, die Dortmund sympathisch finden.

Insgesamt bekommen Mannschaften mit vielen positiven auch viele negative Bewertungen. Der FC Bayern ist hier ein Extrembeispiel, Dortmund die Ausnahme. Denn die Borussen finden nicht nur besonders viele Menschen sympathisch, sondern auch besonders wenige unsympathisch.

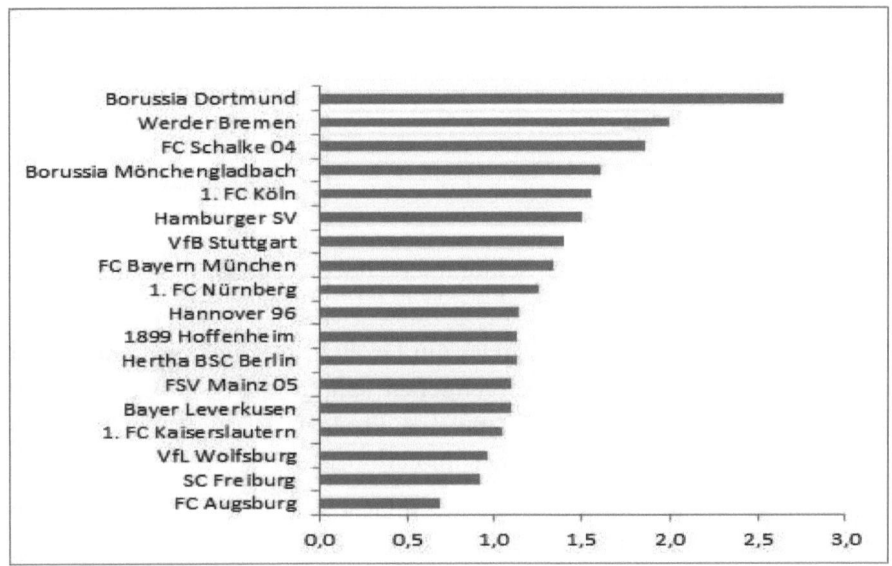

Bild 4 *Verhältnis von positiven zu negativen Äußerungen. Je höher der Wert, desto positiver wird die Mannschaft gesehen.*

Sortiert man die Mannschaften nach dem Verhältnis von positiven zu negativen Nennungen, ist die Reihenfolge fast die Gleiche, wie wenn man nur nach Sympathiewerten sortiert. Einzige Ausnahme sind die Bayern, die zwar nach Sympathie auf Platz zwei stehen, beim Verhältnis von Anhängern und Gegnern aber auf Platz acht rutschen.

Die D-Mark war nie weg

10. August 2012

Kommt die D-Mark wieder? Angesichts der Euro-Krise sagen immerhin 60 Prozent der Deutschen nach einer Umfrage des Focus, die Einführung des Euro sei keine gute Idee gewesen.

Bild 5 Der 20-DM-Schein der zweiten Serie war der Schein, der am längsten im Gebrauch war. Er zeigt Elsbeth Tucher nach einem Gemälde Albrecht Dürers. Auch auf dem 5-DM Schein war ein Gemälde Dürers. Auf den Tausender sollte ebenfalls eins, nämlich Ritter, Tod und Teufel, doch das gefiel der Bundesbank nicht. Quelle: Bundesbank

Dabei war die D-Mark nie wirklich weg. Einer Statistik der Bundesbank nach waren im ersten Halbjahr 2012 weltweit noch rund 13,2 Milliarden D-Mark im Umlauf, rund zur Hälfte in Scheinen und zur Hälfte in Münzen. Das entspricht rund 6,8 Milliarden Euro. "Im Umlauf befindlich" kann hier aber auch heißen, dass das Geld in einer Matratze schlummert oder in einem Sammelalbum eingesteckt ist – oder längst zerstört wurde.

Tatsächlich spricht vieles dafür, dass ein Großteil des Geldes nicht wieder in Gebrauch kommt. In den vergangenen Jahren wurde immer weniger Geld umgetauscht, 2011 gerade mal 0,4 Prozent der noch umlaufenden Münzen. Bei den Scheinen waren es immerhin 1,8 Prozent.

Für den Staat ist das teilweise ein gutes Geschäft, denn mit dem Prägen von Münzen verdient er Geld. Anders sieht es mit den Scheinen aus. Die stehen in der Bundesbank-Bilanz als Soll, also als Schulden.

Andere Länder haben deshalb den Umtausch der alten Währung zeitlich begrenzt. Würde das alte Geld über Nacht wertlos, wäre die Bundesbank - und damit der Staat - auf einen Schlag 6,3 Milliarden Mark reicher, also rund 3,2 Milliarden Euro.

Schon wenn man nur einen Teil der alten Scheine nur teilweise abschreiben würde, wäre die ein oder andere Milliarde drin. Problematisch wäre das nicht, denn ein großer Teil wird ohnehin nicht getauscht. Auch

Scheine, die zerstört wurden oder verloren gegangen sind, werden ewig in der Bundesbankbilanz als Soll weitergeführt. Allerdings dürfte zumindest die erste Variante auf wenig Gegenliebe bei den Deutschen stoßen, denn fast jeder träumt davon, irgendwo noch eine Million alter DM-Scheine zu finden.

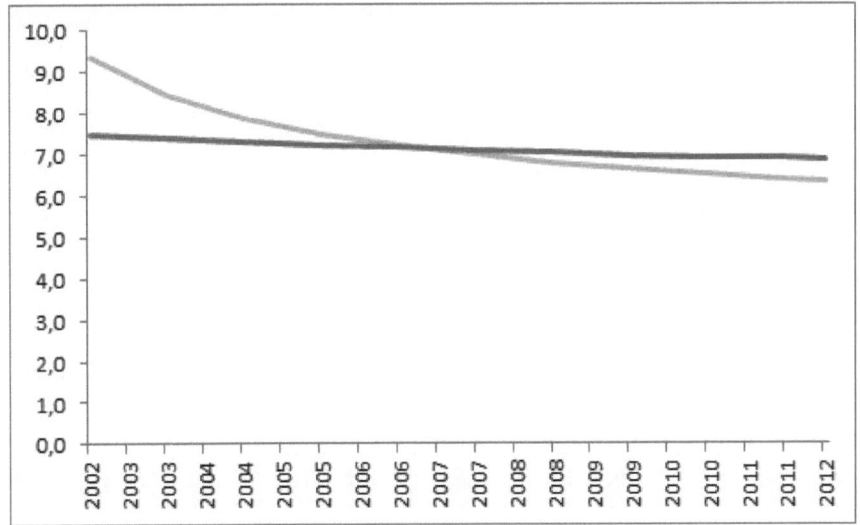

Bild 6 Wert der noch im Umlauf befindlichen DM-Scheine (hell) und Münzen (dunkel). Quelle: Bundesbank

Immer wieder scheint das auch der Fall zu sein. Vor allem 2003 wurde noch viel umgetauscht, obwohl die Währungsumstellung da schon mindestens ein Jahr zurück lag. Ende des Jahres 2003 lag der DM-Bestand 10,3 Prozent niedriger als noch Ende 2002. Insgesamt verringerte er sich vom 31.12.2002 bis zum 30.6.2012 um 32,4 Prozent, bei den Münzen waren es nur 8,1 Prozent.

Mehr Waffenläden als McDonalds Filialen

20. Dezember 2012

In den USA gibt es mehr Waffenläden als Filialen der großen Fast-Food-Konzerne Subway, McDonalds und Starbucks zusammen. Mögen die Amerikaner Waffen noch lieber als Fast-Food? Der Vergleich hinkt natürlich etwas, denn es gibt neben den dreien ja noch andere Fast-Food-Ketten.

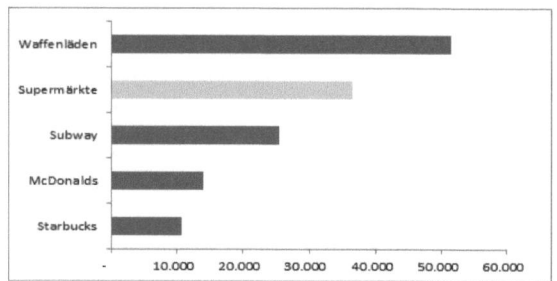

Bild 7: Absolute Zahl der Waffenläden, Supermärkte sowie von Filialen dreier Fast-Food-Konzerne.

Die hohe Zahl an Waffenläden hat mich trotzdem erstaunt, zumal es auch deutlich weniger Supermärkte gibt als Geschäfte für Gewehre und Pistolen.

Sex and Crime

12. Mai 2011

Die meisten Morde passieren nach einer Auswertung der Wochenzeitung Die Zeit - wen wundert's - in Berlin, im Jahr 2009 immerhin 61 Stück. Auch wenn man bedenkt, dass dort rund 3,5 Millionen Menschen wohnen, eine ordentliche Zahl, etwa 1,8 je 100.000 Einwohner. Das sind mehr als in Deutschlands vermeintlicher Kriminalitätshochburg Frankfurt. Dort kommen auf rund 670.000 Einwohner neun Morde, also nur 1,3 je 100.000 Menschen. In Hamburg gibt es mit 18 zwar doppelt so viele Morde, bei fast 1,8 Millionen Hanseaten sind das aber nur 1,0 Morde je 100.000 Hamburger.

Nun sind Kriminalitätsstatistiken mit Vorsicht zu genießen. Denn Verbrechensraten werden immer nur auf die Einwohner gerechnet, doch deren Zahl sagt nur grob etwas darüber aus, wie viel Menschen sich in der

Stadt aufhalten. In Frankfurt beispielsweise sorgen die vielen Arbeitsplätze und der Flughafen dafür, dass die Zahl der dort gemeldeten Menschen deutlich kleiner ist als die derjenigen, die sich wirklich in der Stadt aufhalten, in den Vororten ist es andersherum.

Beim Mord kommt noch die geringe Fallzahl hinzu, da spielt der Zufall eine große Rolle.

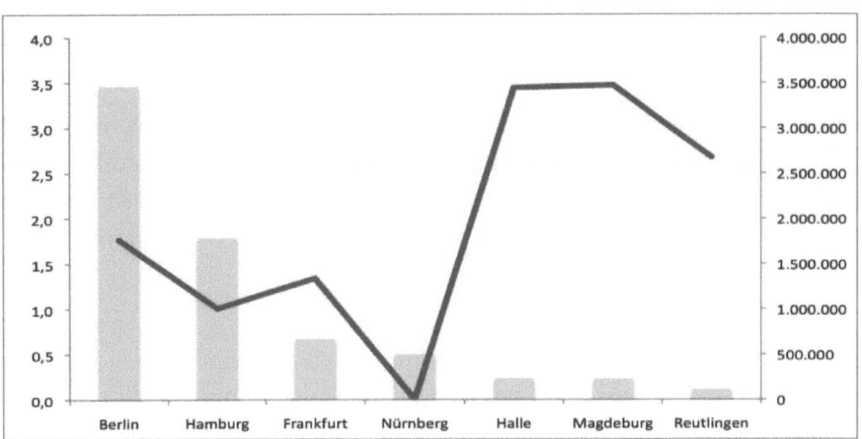

Bild 8: Einwohnerzahl (Balken, rechte Skala) und Morde je 100.000 Einwohner (Linie, linke Skala) in ausgewählten Großstädten. Quelle: Polizeiliche Kriminalstatistik nach Zeit Magazin

Am unsichersten lebt man 2009 nicht in einer der Millionenstädte, sondern in Halle und Magdeburg, den beiden größten Städten in Sachsen-Anhalt. Dort wurden 2009 jeweils acht Menschen ermordet. Bei rund 232.000 (Halle) beziehungsweise 230.000 Einwohnern sind das 3,4 beziehungsweise 3,5 Morde je 100.000 Menschen. Das ist mit Abstand Rekord.

Berlin wird übrigens in Punkto Mord auch von Reutlingen übertroffen, das ausgerechnet im Musterländle Baden-Württemberg liegt. Bei nur 112.000 Einwohnern passierten dort drei Morde, also 2,7 je 100.000 Reutlingern.

Es gibt allerdings auch 16 Großstädte, in denen 2009 kein einziger Mord passiert ist. Die liegen keineswegs alle in Bayern oder Baden-Württemberg, sie verteilen sich von Potsdam im Osten bis Krefeld im Westen und von Salzgitter im Norden bis Augsburg im Süden.

Allerdings sind von acht bayerischen Großstädten tatsächlich vier mordfrei. Eine 50-Prozent-Quote hat nur sonst Brandenburg, dort gibt es allerdings nur zwei Großstädte. Neben Potsdam noch Cottbus, mit einem Mord bei rund 102.000 Einwohnern.

Unter den großen Großstädten mit mindestens einer halben Million Einwohnern ist nur eine im Jahr 2009 ganz ohne Mord geblieben: Nürnberg mit rund 504.000 Einwohnern. Im ähnlich großen Hannover gab es fünf Morde, in Leipzig vier, in Duisburg drei und im ebenfalls rund 500.000 Einwohner zählenden Dresden immerhin noch zwei.

Wer deswegen nach Nürnberg zieht muss allerdings aufpassen, wenn er in die U-Bahn steigt. Zumindest in die der Linie U1. Die fährt nämlich bis in die Nachbarstadt Fürth. Dort gab es bei nur 114.000 Einwohnern immerhin zwei Morde, im ebenfalls direkt an Nürnberg grenzenden Erlangen bei 106.000 Einwohnern auch zwei.

Und damit sich jetzt keiner beschwert, ich hätte Sex and Crime versprochen und nur Crime geliefert, hier noch ein paar Zahlen zum Sex: 29 Prozent der Deutschen wünschen sich nach einer Befragung der Zeitschrift FHM ein Sexualleben wie im Pornofilm, 53 Prozent tun das nicht.

Die höchsten WM-Niederlagen

30. Juni 2010

Deutschland hat bei der Weltmeisterschaft 2010 mit 4:1 gegen England gewonnen, nach Aussagen des Fernsehreporters die höchste Niederlage einer englischen Mannschaft bei einer Weltmeisterschaft. Fairerweise muss man dazusagen, dass der Sieg ohne die „Revanche für Wembley" (ein Schuss der Engländer an die Latte sprang hinter die Torlinie, wurde aber nicht als Tor gezählt) nicht so hoch ausgefallen wäre.

Die höchste Niederlage einer deutschen Mannschaft bei einer WM gab es ausgerechnet 1954, also in dem Jahr als Deutschland das erste Mal Weltmeister wurde und ausgerechnet gegen den späteren Endspielgegner Ungarn. 3:8 verlor die deutsche Nationalmannschaft damals, gewann aber dennoch später 3:2 im Endspiel und wurde Weltmeister. Vier Jahre später verloren die Deutschen das Spiel um Platz 3 mit 3:6 gegen Frankreich und erlitten damit die zweithöchste Niederlage neben einem 0:3 gegen Kroatien 1998.

Der höchste Sieg war ein 8:0 gegen Saudi-Arabien im Jahr 2002. Auf Platz 2 folgt ein 6:0 gegen Mexiko 1978 und den dritten Platz teilen sich ein 5:0 gegen die Schweiz 1966 mit einem 6:1 gegen Österreich und einem 7:2 gegen die Türkei ebenfalls 1954.

Überhaupt war die Weltmeisterschaft 1954 ziemlich torreich. In der Vorrunde fielen in der deutschen Gruppe in fünf Spielen 41 Tore, darunter 25 in den drei Spielen mit deutscher Beteiligung. In den drei weiteren deutschen Spielen fielen noch mal 14 Tore, davon elf für Deutschland.

Seltene Kennzeichen
10. Mai 2011

Das Kennzeichen BÜS dürfte man auf Deutschlands Straßen nur äußerst selten antreffen. Auch HWI, ZW oder EA sieht man nicht oft. Weil in Deutschland im Regelfall die Kreisverwaltung für die Vergabe von Kfz-Kennzeichen zuständig ist, haben kleine Kreise auch wenige Kennzeichen. Aber ganz so einfach ist die Sache dann doch nicht.

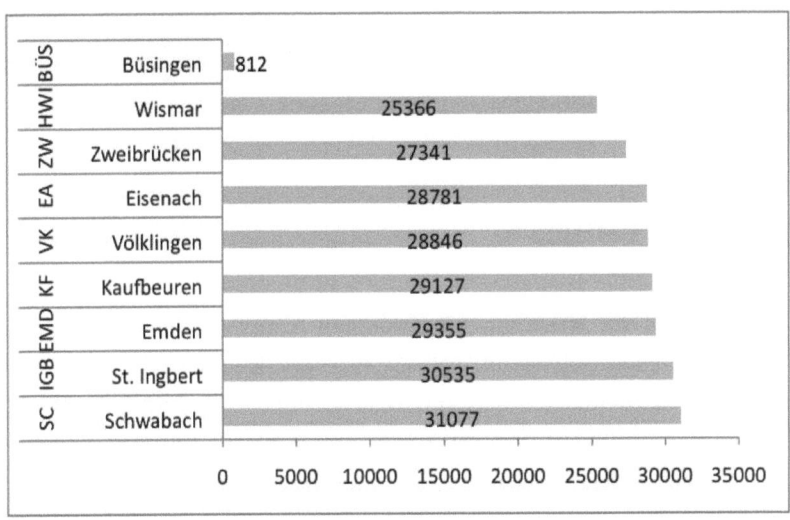

Bild 9 Zahl der zugelassenen KFZ mit entsprechenden Ortskennzeichen Quelle: Kraftfahrzeugbundesamt

Zum einen ist die Zahl der Autos pro Einwohner verschieden. So hat Kaufbeuren (KF) zwar rund 3.000 Einwohner mehr als Schwabach (SC), aber bei der Stadtverwaltung sind rund 2.000 Autos weniger angemeldet. Ob die Kaufbeurer umweltbewusster sind, ob sie ein besseres Nahverkehrssystem haben oder ob es dort einfach weniger Unternehmen mit eigenem Fahrzeugpool gibt, muss leider offen bleiben.

Noch wichtiger ist, dass viele kreisfreie Städte das gleiche Nummernschild haben wie der Landkreis. Stadt und Landkreis Ansbach haben beispielsweise beide AN, deshalb taucht die mittelfränkische Bezirkshauptstadt trotz nur rund 40.000 Einwohnern bei den seltensten Kennzeichen nicht mit auf.

Außerdem gibt es eine Reihe von kreisangehörigen Gemeinden, die ein eigenes Kennzeichen haben. Im Saarland haben Mittelstädte (deren Status ähnelt dem der in anderen Bundesländern Große Kreisstädten oder Große Kreisangehörige Städte genannten Städte), das Recht eigene Kennzeichen zu vergeben. Völklingen (VK) und St. Ingbert (IGB) sind beide nicht kreisfrei.

Mit nur 812 Kennzeichen im Jahr 2005 ist allerdings BÜS ganz klar das seltenste Kennzeichen vor HWI für die Hansestadt Wismar (25.366) und Zweibrücken (27.341). BÜS steht für Büsingen. Die Gemeinde liegt allerdings weder im Saarland noch ist sie kreisfrei. Dass der Ort aus dem Landkreis Konstanz trotzdem ein eigenes Kennzeichen hat liegt daran, dass sie eine deutsche Exklave in der Schweiz ist. Sie gehört daher auch zum Schweizer Zollgebiet. Um den Zöllnern die Arbeit zu erleichtern, bekamen die rund 1.400 Einwohner ein eigenes Kennzeichen.

Farblose Neuwagen

17. August 2011

Fast zwei Drittel der 2010 neu zugelassenen Autos sind grau oder schwarz. Dagegen waren die 80er Jahre rot. 22 Prozent der Neuzulassungen waren in dieser Farbe lackiert, mehr als in jeder anderen. Ähnlich viele (21,6 Prozent) waren grau, es folgte weiß mit 20,6 und blau mit 15,7 Prozent.

Seitdem ist Deutschland farbloser geworden. Gerade mal 6,8 Prozent der Neuzulassungen waren 2010 noch rot. Damit haben die roten Autos schneller an Bedeutung verloren als die SPD. Auch mit grün ging es abwärts (von 5,5 auf 1,4 Prozent), ebenso mit blau (15,7 auf 10,5 Prozent) und den sonstigen Farben (10,6 auf 6,9 Prozent) wie braun oder orange.

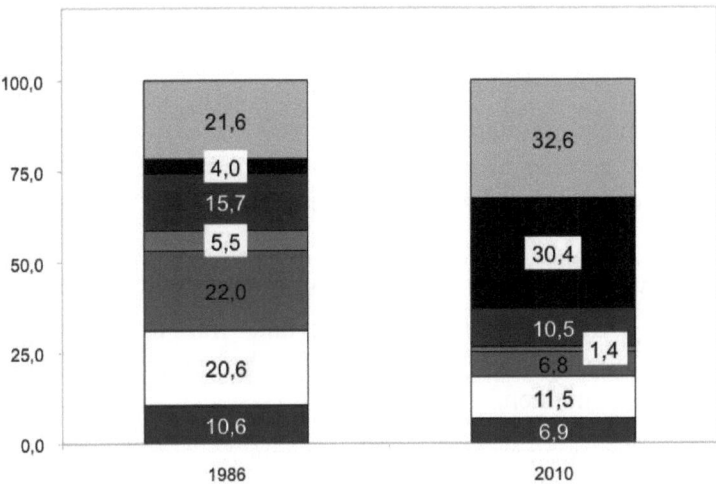

Bild 10 Farbe der neu zugelassenen Autos in den Jahren 1986 und 2010. Farben von oben nach unten: grau, schwarz, blau, grün, rot, weiß, sonstige. Quelle: Kraftfahrzeugbundesamt

Großer Gewinner sind - zumindest bei den Autos - die schwarzen. 1986 war gerade mal jedes 25. Auto schwarz (4,0 Prozent) und das dürften zum großen Teil Leichenwagen gewesen sein. Heute dagegen gilt schwarz als edel und fast jeder dritte (30,4 Prozent) PKW ist so lackiert. Nur in grau gibt es noch mehr Autos (32,6).

Deutschland ist somit farbloser geworden, zumindest auf den Straßen. Nicht nur, dass grau und schwarz deutlich zulasten von rot, grün und blau zulegen konnte, die Dominanz der beiden beliebtesten Farben hat auch zugenommen. Rund 63 Prozent der Autos haben eine der beiden beliebtesten Farben, 1986 waren es nur rund 44 Prozent.

Lediglich weiß entwickelt sich gegen den Trend. In der farblosesten aller Farben sind heute nur 11,5 Prozent lackiert, verglichen mit 20,6 Prozent 1986.

UFO oder IFO – eine kleine UFO-Statistik

18. Juli 2011

Eine der vielleicht originellsten Statistiken führt das CENAP, das Centrale Erforschungsnetz außergewöhnlicher Himmelsphänomene. Es erfasst und kategorisiert Sichtungen von vermeintlich unbekannten Flugobjekten. Am 16. Juli 2011 hatte die Seite 2.863 Erscheinungen gezählt. Überwiegend (zu 96,3 Prozent, 2758 Fälle) handelt es sich dabei um nächtliche Lichterscheinungen. Weitere 2,4 Prozent (69 Fälle) waren Scheiben, die bei Tageslicht gesehen wurden. Sieben Beobachtungen (0,2 Prozent) konnten außerdem auch auf dem Radar gesehen werden.

Sehr selten sind dagegen Begegnungen der ersten, zweiten, dritten oder vierten Art. Begegnungen der ersten Art sind Nahbeobachtungen aus maximal 150 Metern, ohne dass Kontakt mit den Außerirdischen aufgenommen wird. Ihrer gab es sechs, das sind 0,2 Prozent aller gemeldeten Begegnungen.

Begegnungen der zweiten Art gab es sogar nur eine, das sind nicht einmal 0,1 Prozent (gerundet 0,0 Prozent). Darunter versteht man eine Nahbegegnung und das Wahrnehmen einer Auswirkung des Besuchs. Die kann sowohl physischer als auch psychischer Art sein, beispielsweise in Form von Bewusstseinsbeeinflussung durch einen Außerirdischen.

Begegnungen der dritten Art sind dagegen wieder etwas häufiger. Vermutlich vor allem, weil sie nicht so unspektakulär sind wie Begegnungen der ersten und zweiten Art. 19 Fälle wurden gemeldet, das sind 0,7 Prozent. Dabei werden die Aliens auch außerhalb ihres Raumschiffes gesehen.

Immerhin drei Begegnungen der vierten Art wurden gemeldet (0,1 Prozent). Dabei wurde der Zeuge obendrein auch noch entführt.

Allerdings sind 99,0 Prozent (2760 Fälle) der UFOs eigentlich IFOs. Das hat nichts mit dem bekannten Wirtschaftsforschungsinstitut zu tun, sondern steht für ein identifiziertes Flugobjekt. Weitere 0,4 Prozent (12 Fälle) sind immerhin vermutlich bekannte Objekte. Überwiegend handelt es sich dabei übrigens um Modell-Ballons. 2.327 Fälle gehen auf die Beobachtung eines oder mehrere Ballons zurück, teilweise in Wechselwirkung mit Sternen oder Kometen. Die Datenbank ist hier sehr genau und unterteilt die Modell-Ballons deshalb in zahlreiche Unterkategorien wie "Modell-Heißluftballons + Stern Capella".

Immerhin elf Fälle klassifiziert CENAP als near UFO, also möglicherweise ein UFO (0,4 Prozent), fünf (0,2 Prozent) sogar als good UFO, also Objekt, das so viele anomale Merkmale aufweist, dass eine herkömmliche Erklärung vermutlich ausgeschlossen werden kann. Mit Best UFO, einem Objekt das ziemlich sicher ein unbekanntes, möglicherweise außerirdisches Flugobjekt ist, wurde allerdings kein einziger Fall bewertet.

Übrigens glauben 43 Prozent an außerirdisches Leben im All. Nur 23 Prozent lehnen diese Vorstellung ab, der Rest meint, das sei unmöglich zu sagen. Immerhin 34 Prozent der Deutschen sind fest überzeugt, dass die Behörden mehr über Marsmenschen wissen als sie zugeben und 22 Prozent denken, dass Außerirdische Nachrichten an uns senden.

Schon 1561 waren über Nürnberg "mehrere verschiedenartige Objekte" zu sehen: Kugeln, Kreuze, Scheiben, Röhren sowie eine Spitze. Diese hätten miteinander angefangen zu streiten. Das Schauspiel dauerte etwa eine Stunde, dann seien die Objekte vom Himmel herab auf die Erde gefallen, als ob sie brennen und seien mit viel Dampf allmählich vergangen". Das behauptet zumindest ein Flugblatt aus dieser Zeit.

Erstaunlicherweise sind 63 Prozent der Deutschen trotz des in der Vergangenheit zumeist wenig freundlichen Auftretens technologisch weiter entwickelter Kulturen gegenüber den Ureinwohnern in neu entdeckten Gebieten der Meinung, die Außerirdischen seien uns freundlich gesinnt, nur 17 Prozent verneinen das.

Kinokrise? Schon wieder?

1. Dezember 2011

Es war ein kurzes Hoch. Anfang der 1990er Jahre begannen die Kinobetreiber, nicht nur durch Kinoschließungen und ausbleibende Investitionen auf die Konkurrenz des Fernsehens zu reagieren. Und es funktionierte.

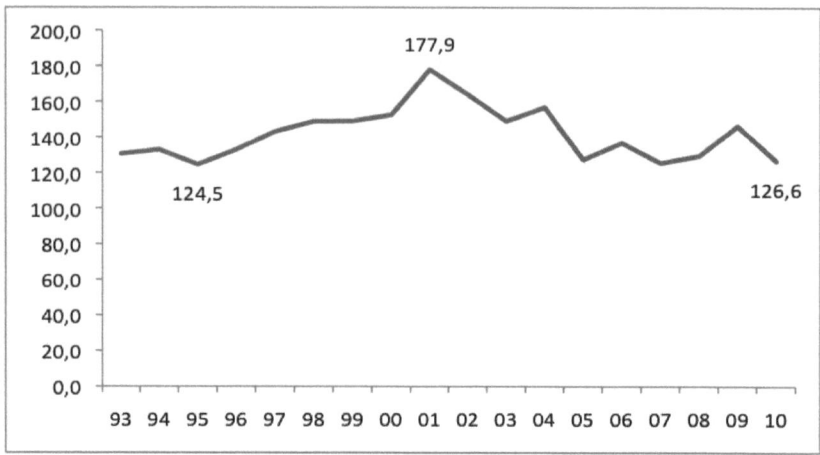

Bild 11 Kinobesuche seit 1993. Quelle: Filmförderanstalt

Das gute alte Kino schien gerettet, auch wenn es kein gutes altes, sondern ein besseres neues Kino war. Denn wer je die unbequeme Bestuhlung des Bavaria Kinos in Würzburg in den frühen 1990ern erlebt hat wird einräumen, dass nicht jede Schließung eines alten Kinos zugunsten eines Multiplex ein großer Verlust war.

Doch nach der Krise ist vor der Krise. Nach den Daten der Filmförderanstalt zählten die deutschen Kinos im Jahr 2010 nur 126,6 Millionen Besucher, das sind 13,3 Prozent weniger als ein Jahr zuvor. Allerdings war das Jahr 2009 ein besonders gutes Kinojahr. Zur Erinnerung: Damals liefen Filme wie Avatar, mit einem Einspielergebnis von 2,8 Milliarden US-Dollar der umsatzstärkste Film aller Zeiten und brachten den Kinobetreibern ein Besucherplus von 13,1 Prozent zum Vorjahr.

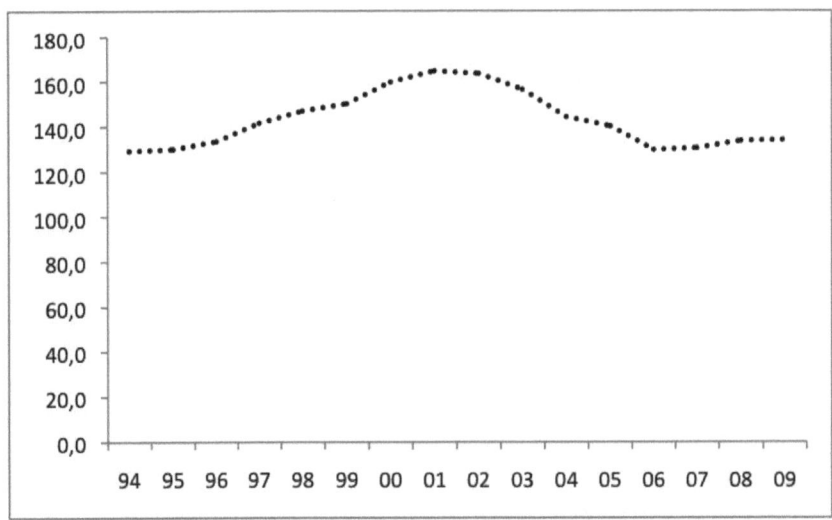

Bild 12 Gleitender 3-Jahresschnitt. Quelle: Eigene Berechnung, Filmförderanstalt

So oder so: An die guten Jahre Anfang des Jahrtausends kommen die Besucherzahlen nicht wieder heran. Gut sieht man das, wenn man die Linie etwas glättet, indem man einen gleitenden Durchschnitt aus aktuellem Jahr, Vorjahr und Folgejahr bildet. Hinter dem für 2001 angegebenen Wert steht also der Durchschnitt der Jahre 2000 bis 2002.

Noch bescheidener sehen die aktuellen Besuchszahlen aus, wenn man bis ins Jahr 1949 zurück blickt. Die Daten stammen von der Spitzenorganisation der Filmwirtschaft (SPIO), sind aber offenbar aus der gleichen Erhebung wie die der Filmförderanstalt.

Nach dem Anstieg der Besucherzahlen in den 1990ern bis 2001 sind sie wieder deutlich zurückgegangen.

Klar wird trotzdem, dass auch das Zwischenhoch 2001 weit entfernt ist von den Besucherzahlen vor dem Siegeszug des Fernsehens. 1956 wurden 817,5 Millionen Besuche gezählt. Dann kam das Fernsehen und 20 Jahre ging es nur abwärts. 1976 wurde mit 115,1 Millionen die vorläufig niedrigste Zahl an Besuchen gemessen. Dann ging es wieder etwas rauf, um Ende der 1980er Jahre noch tiefer zu fallen.

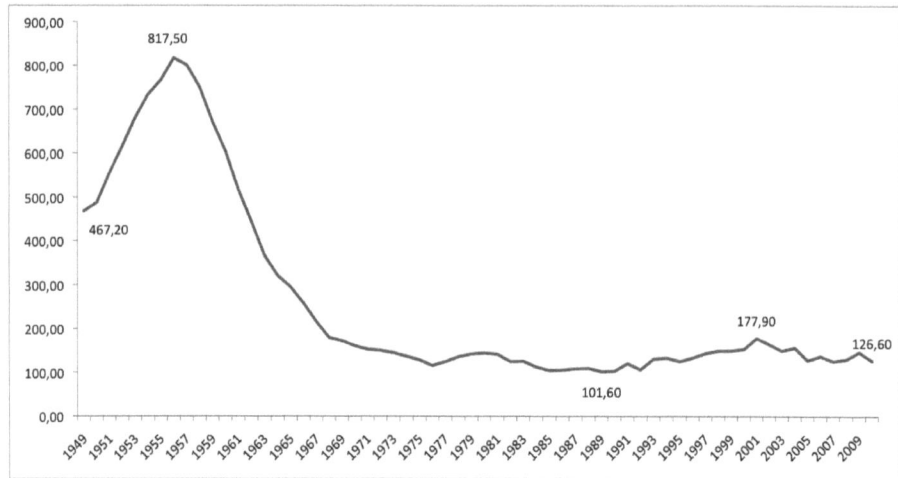

Bild 13 Kinobesucher seit 1949. Quelle: SPIO

1990 kam der Osten noch mit dazu, in den Zahlen ist nämlich nur die Bundesrepublik enthalten, wie viele Menschen vor 1990 die DDR-Kinos besuchten muss offen bleiben.

Erstaunlich ist, dass die deutliche Vergrößerung der Bundesrepublik zunächst keinen großen Einfluss hat und die Zahlen nicht deutlich nach oben treibt. Erst ab Mitte der 1990er Jahre legen die Besuchszahlen wieder zu.

2001 war immerhin die höchste Besucherzahl seit 1969 registriert worden (allerdings einschließlich Ostdeutschland). Dann kam das Internet.

Wirtschaft und Politik

Statistiken aus den Bereichen Wirtschaft und Politik sind immer besonders heikel. Denn oft werden sie benutzt wie Laternenpfähle von Betrunkenen: Nicht zur Erhellung, sondern um den eigenen Stand zu sichern. Soll heißen, jeder sucht sich die Statistik, die ihm passt und interpretiert sie so, dass sie dem eigenen Standpunkt entspricht.

Ich habe versucht, möglichst unabhängig an die Themen heranzutreten. Dass das auch mir nicht zu 100 Prozent gelingt, versteht sich von selbst.

Wie BILD einen Skandal erfindet
11. Juni 2013

"Jeder zweite Rentner bekommt weniger als Hartz IV" - so titelte die BILD-Zeitung. Jede zweite Rente, so liest man da, ist niedriger als 700,00 Euro.

Die letzte Aussage stimmt - und ist für BILD-Verhältnisse sogar erstaunlich präzise. Tatsächlich beträgt jede zweite (gesetzliche) Rente weniger als 700,00 Euro. Aber wie passt das zu der Tatsache, dass Ältere deutlich unterdurchschnittlich von Armut betroffen sind?

Der erste Unterschied ist, dass die BILD-Zeitung Personen betrachtet, die Armutsstatistik dagegen Haushalte. Auch ich „bekomme weniger als Hartz IV", weil meine Frau die Hauptverdienerin in der Familie ist. In vielen Rentnerhaushalten war es die Frau, die lange Zeit nicht im Beruf war und deshalb keine hohen Rentenansprüche erworben hat. Stellen wir uns einen Rentnerhaushalt vor, in dem der Mann 1.500,00 Euro Rente erhält, die Frau dagegen nur 500,00. Hier gilt: 50 Prozent der Renten liegen unter Hartz IV, obwohl der Haushalt nicht arm ist.

Die Aussage "Jeder zweite Rentner bekommt..." ist außerdem falsch, denn natürlich sind hier Einkünfte neben der gesetzlichen Rente wie Zinsen, Mieteinnahmen und Privatrenten nicht enthalten.

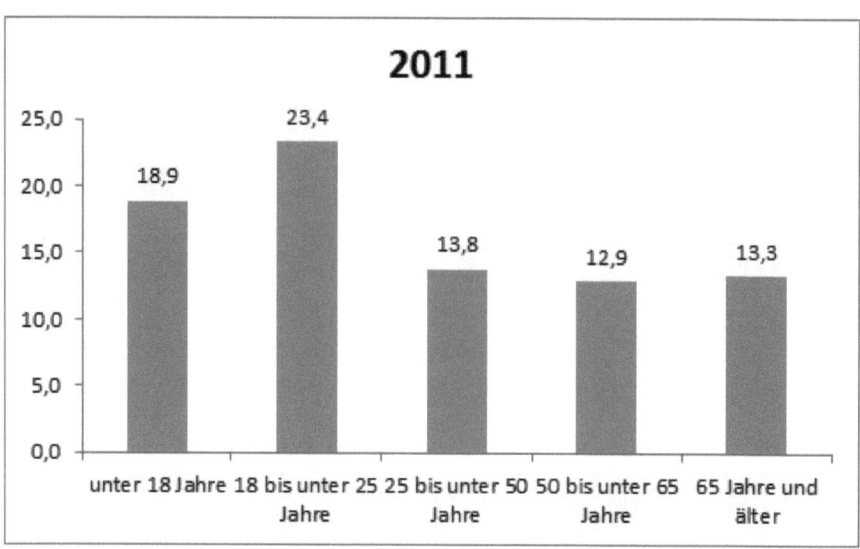

Bild 14 Mit steigendem Alter sinkt tendenziell die Betroffenheit von Armut. *Quelle: Statistisches Bundesamt*

Vor allem aber unterscheidet die Statistik nicht zwischen Rentnern, die von ihrer Rente leben müssen und solchen, die selbständig waren oder in anderen Versorgungseinrichtungen versichert sind. Ein Pensionär, der vor seiner Verbeamtung einige Jahre Angestellter war oder ein selbständiger Arzt, der einige Jahre am Krankenhaus gearbeitet hat, erhalten zwar nur eine geringe Rente von der Deutschen Rentenversicherung, aber trotzdem ein hohes Ruhegeld.

Wie gut geht es den Rentnern nun also? In puncto Vermögen sehr gut, beim Einkommen kommen über 65-Jährige dagegen nur auf 91 Prozent des Medians. Nicht berücksichtigt sind dabei allerdings eingesparte Mieten durch Wohneigentum und geringere Mieten sowie Vergünstigungen. Berücksichtigt man das dürften sie ähnlich viel oder sogar etwas mehr Einkommen haben als der Durchschnitt.

Armut in den 1960er Jahren

8. April 2011

Fast jeder sechste Deutsche ist armutsgefährdet. Das bedeutet, dass sein Nettoäquivalenzeinkommen weniger als 60 Prozent des Medianeinkommens beträgt. Für einen Alleinstehenden sind das rund 11.200 Euro netto im Jahr, für eine Familie mit zwei Kindern rund 23.400 Euro.

Für die Deutschen ist das Thema Armut und soziale Ungleichheit eines der wichtigsten überhaupt. Oft wird dann wehmütig zurück geblickt. Früher, in den goldenen 1950er und 1960er Jahren, vor der Ölkrise, damals war die Soziale Marktwirtschaft noch sozial. Damals hat man noch zusammen gehalten. Damals waren noch alle mehr oder weniger gleich.

Umso überraschter war ich, als ich in einem alten Buch (Rainer Geißler: Die Sozialstruktur Deutschlands, 2. Auflage von 1996) eine Tabelle zur Entwicklung der Armutsquote fand. Nicht nur, dass Deutschland damals insgesamt ärmer war und sich viele Familien nicht jeden Tag Wurst oder Fleisch, keinen Fernseher und nur eine klitzekleine Wohnung leisten konnten. Das Land war auch mitnichten besonders gleich.

Noch 1963 hatten 14,3 Prozent der Bevölkerung weniger als 50-Prozent des Durchschnittseinkommens zur Verfügung. Wohlgemerkt, hier liegt die Armutsgrenze nicht wie heute üblich bei 60, sondern bei 50 und sogar nur 40 Prozent. Leider stellt die Quelle nicht klar, ob mit Durchschnitt das Medianeinkommen oder das arithmetische Mittel gemeint ist. Der Vergleich mit anderen Daten lässt aber vermuten, dass mit Durchschnitt hier der Median gemeint ist.

So oder so, die 14,8 Prozent bleiben ein respektabler Wert. Wie kommt es also, dass viele die 1950er und 1960er Jahre als so gleich in Erinnerung haben? Teilweise können wir nur spekulieren. Armut war damals stärker stigmatisiert, wer arm war hat das möglichst gut versteckt. Noch in den 1980er Jahren hatte schätzungsweise ein Drittel bis die Hälfte der Menschen von ihrem Anspruch auf Sozialhilfe keinen Gebrauch gemacht.

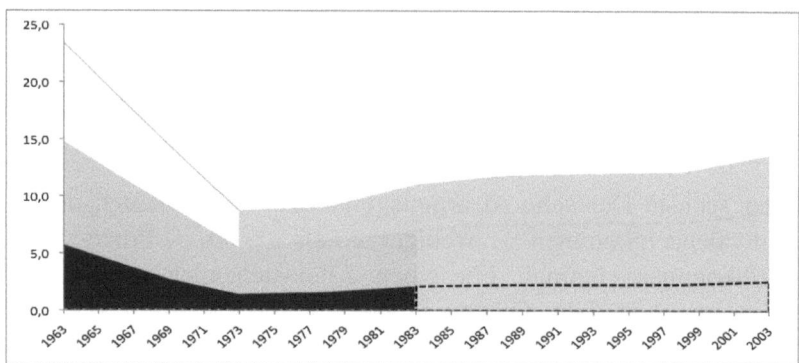

Bild 15 Armutsquoten von 1963 bis 2003 - Daten der Einkommens- und Verbrauchsstichprobe (EVS), dargestellt nach Geißler, Die Sozialstruktur Deutschlands (40%- und 50%-Grenze, schwarz und blau) und Destatis (60%-Grenze, grau). Bis 1988 ohne Ausländer. Gestrichelt: Schätzung

Vermutlich war man froh, den Krieg überstanden zu haben und im Vergleich zur Vorkriegs- und zur Kaiserzeit war Deutschland vergleichsweise gleich. Heute dagegen blickt man auf eine Zeit hoher Gleichheit zurück. Vor allem zwischen 1978 und 1983 sowie 1999 und 2003 ist die Armut stark angestiegen.

Das alles sind allerdings nur Vermutungen. Aus statistischer Sicht kann man aber einen Unterschied ganz klar feststellen: arm waren damals vor allem Frauen, allen voran Witwen. Während heute über 60-Jährige unterproportional von Armut betroffen sind, war das Alter damals ein großes Armutsrisiko. Heute dagegen sind vor allem Arbeitslose und Alleinerziehende betroffen und damit auch viele Kinder. Für viele Menschen ist Armut somit nicht mehr eine lästige Begleiterscheinung des Alters wie Rückenleiden, sondern eine lebenslange Plage.

Mehr Geld fürs Soziale

19. September 2011

Dass früher nicht alles besser war, haben wir schon im Beitrag "Armutsgeschichte" beleuchtet. Noch 1963 lag der Anteil der Armen an der Gesamtbevölkerung höher als heute, obwohl die Armutsgrenze damals noch weit niedriger lag und die Armutsquote seit 1973 im Prinzip fast ununterbrochen gestiegen ist.

Interessant ist in diesem Zusammenhang auch, dass die Sozialausgaben seit den goldenen 1960er Jahren, der Zeit als die Soziale Marktwirtschaft vermeintlich noch sozial war, keineswegs stetig gefallen, sondern gestiegen sind. In absoluten Zahlen von 32 Milliarden auf 791 Milliarden Euro.

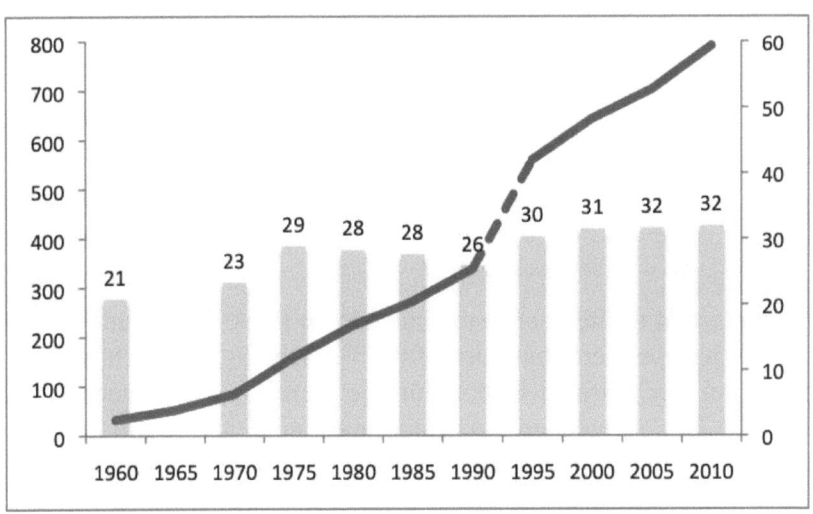

Bild 16 Sozialausgaben des Bundes (Linie, linke Skala) und Anteil der Sozialausgaben am BIP (Balken, rechte Skala.) Quelle: Bundesministerium für Arbeit und Soziales (BMAS)

Nun ist seitdem das Geld weniger wert, die Bundesrepublik reicher und größer geworden. Interessant wird die Zahl daher erst, wenn man sie ins Verhältnis zum Bruttoinlandsprodukt setzt. Demnach stieg der Anteil der Sozialausgaben am BIP von 1970 bis 1975 deutlich von 23 auf 29 Prozent und sank anschließend bis 1990 wieder in Etappen auf 26 Prozent. Die

Wiedervereinigung brachte dann einen erneuten Anstieg und im Jahr 2010 wurde fast jeder dritte in Deutschland erwirtschaftete Euro für Sozialausgaben verwendet. Wie passt das mit dem Gefühl der Bürger zusammen, dass das soziale Netz löchriger geworden ist?

Der berühmte deutsche Pessimismus dürfte hier eine Rolle spielen. Demnach war früher alles besser und neue Sozialleistungen wie das Elterngeld oder der Kinderzuschlag bleiben weniger in Erinnerung als soziale Kürzungen wie die durch die Agenda 2010.

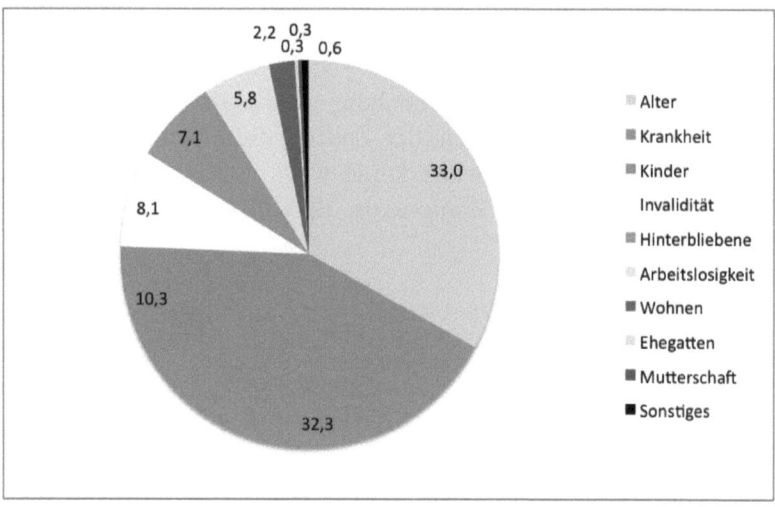

Bild 17 Verwendung der Sozialausgaben. Quelle: BMAS

Der Hauptgrund dürfte aber in einem anderen Punkt liegen und den sehen wir, wenn wir die Verteilung der Mittel betrachten. Demnach werden fast zwei Drittel der Sozialausgaben für die Bereiche Alter und Krankheit verwendet. Die steigenden Sozialausgaben sind also kein Zeichen für einen Ausbau des Sozialstaats, sie sind das Ergebnis einer immer älter werdenden Gesellschaft.

Weitere Faktoren wären zu nennen, beispielsweise mehr Alleinerziehende und größere Gehaltsunterschiede.

Somit ist das subjektive Empfinden der Bürger nicht zwangsläufig falsch. Der Staat gibt also immer mehr fürs Soziale aus und trotzdem bleibt für den Einzelnen weniger übrig. Eine ziemlich knifflige Herausforderung nicht nur für Sozialpolitiker.

Wo kommen unsere Schulden her?

17. Mai 2012

Rund 34,8 Milliarden Euro will die Bundesregierung 2012 an neuen Schulden aufnehmen. die sogenannte Nettokreditaufnahme. Netto deshalb, weil der Finanzminister weitaus mehr neue Kredite aufnimmt, allerdings dafür auch alte zurückzahlt. Der Betrag um den die Schulden wachsen ist die Höhe der Nettokreditaufnahme.

Parallel zu diesem "Verlust" stehen 38,3 Milliarden Euro Ausgaben im Bundeshaushalt für Zinsen und sonstige Kosten des Schuldendienstes. Hätte Deutschland in der Vergangenheit nicht so viele Schulden angehäuft, wäre der Haushalt leicht im Plus. Stellt sich die Frage: Wer ist schuld an den vielen Staatschulden?

Zunächst muss ich sagen: Die gerade gestellte Frage kann ich nicht beantworten. Denn die Frage nach der Schuld ist mehr politisch als statistisch. Außerdem ist es nicht ganz einfach, den Zuwachs wirklich zu messen.

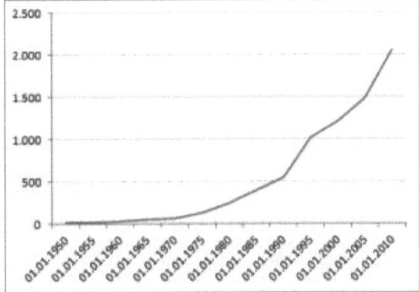 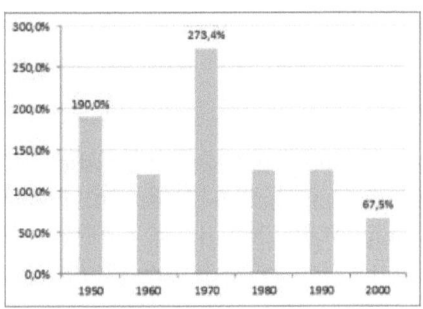

Bilder 18 und 19 Entwicklung der deutschen Staatsverschuldung in Milliarden Euro sowie in Prozent zum vorangegangenen Jahrzehnt. Quelle: Deutsche Bundesbank

Gemessen in Euro sieht die Entwicklung zunächst fatal aus, denn die Kurve wird immer steiler. Das relativiert sich aber etwas, wenn man die prozentualen Zuwächse ansieht. So betrachtet gab es die höchsten Zuwächse in den 1970er Jahren. Hier geht es wohlgemerkt nicht mehr nur um die Bundesschuld, sondern um alle Staatsschulden in Deutschland. Um 273,4 Prozent stieg damals die Staatsverschuldung trotz relativ guter wirtschaftlicher Lage.

Allerdings gibt es hier einen Niveaueffekt. Dass die Schulden im ersten Jahrzehnt des neuen Jahrtausends trotz Finanzkrise „nur" um 69,9 Prozent anstiegen liegt auch an den vielen Schulden, die bereits zuvor gemacht worden sind. Da fallen ein paar Milliarden zumindest prozentual nicht ins Gewicht.

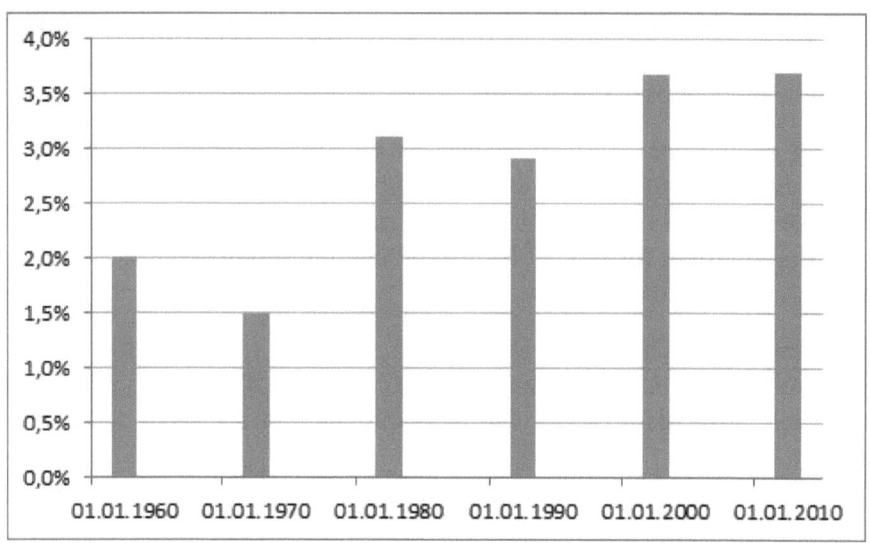

Bild 20 Zuwachs der Schulden im Vergleich zum 1. Januar zehn Jahre zuvor in Prozent des durchschnittlichen BIP des Jahrzehnts. Quelle: Eigene Berechnung, Deutsche Bundesbank, Statistisches Bundesamt

Ich habe daher mal die Neuverschuldung in Relation zum durchschnittlichen Bruttoinlandsprodukt (BIP) gesetzt. Im Jahr 2010 machten die Schulden rund 83 Prozent des Bruttoinlandsprodukts aus, 1960 waren es noch rund 20 Prozent gewesen.

Zwischen dem Jahr 2000 und dem Jahr 2010 wurden neue Schulden gemacht, die 3,7 Prozent des durchschnittlichen BIP in diesem Zeitraum entsprechen. Das sind ähnlich viele wie in den 1990er Jahren und mehr als in den Jahrzehnten zuvor.

Noch mal verbessern könnte man die Übersicht, wenn man Ausgaben für den Schuldendienst nicht mit berücksichtigen würde, denn die Regierungen der 1970er Jahre hatten dadurch mehr Spielraum als heutige Politiker.

Die am Anfang gestellte Frage nach der Schuld ließ sich leider selbst damit nicht objektiv beantworten, sie bleibt Ansichtssache. Ich habe natürlich eine eigene Meinung dazu, aber die steht wie immer im Kommentar.

Kommentar zur Staatsverschuldung
Wer hat Schuld an den Staatsschulden? So einfach lässt sich das nicht sagen. Allein schon deshalb nicht, weil in die Statistik nicht nur die Bundesschulden eingehen. Es ist also nicht nur der jeweilige Kanzler schuld, sondern auch die Landes- und Kommunalpolitiker. Und zu guter Letzt würden einige Leser einwenden, dass Schulden nicht immer schlecht sind. Sie können auch eine gute Investition in die Zukunft sein.

Ich teile den letzten Einwand zum Teil. Trotzdem fehlt mir für den Anstieg der Staatsschulden in den 1970er Jahren zum Teil das Verständnis. Deutschland ging es relativ gut (wenngleich nicht mehr so gut wie in den 1960er Jahren) und die Politik war - anders als heute - kaum durch die Last von Zinsen aus Altschulden belastet. Trotzdem wurde die Staatsverschuldung um über 130 Prozent ausgeweitet. Angeblich als Investition in die Zukunft, doch vieles von dem was damals an Schwimmbädern, Rathäusern und Gemeindesälen gebaut wurde, wird jetzt wieder abgerissen, weil der Unterhalt aufgrund der schlechten Bausubstanz höher ist als der Nutzen.

Schuld daran ist nicht nur der heute in Deutschland verehrte Helmut Schmidt, sondern auch viele Lokalpolitiker. Und in diesen Schulden sind die verdeckten Lasten der Renten-, Kranken- und Pflegeversicherung noch gar nicht enthalten.

Ostdeutschland Spitze bei Beschäftigung

22. August 2010

Die neuen Länder sind Krisenland. Ist doch klar. Niedrige Löhne, viele Arbeitslose und kaum jemand hat Arbeit, oder?

Tatsächlich sind die Löhne in Ostdeutschland niedriger als im Westen und Armut und Arbeitslosigkeit höher. Nur eins stimmt nicht. Entgegen der landläufigen Annahme arbeitet in den neuen Ländern ein höherer Prozentsatz an Menschen in einer sozialversicherungspflichtigen Beschäftigung als im Westen.

Sozialversicherungspflichtig beschäftigt bedeutet verkürzt gesagt, dass man als Angestellter Beiträge zur Renten-, Kranken-, Pflege- und Arbeitslosenversicherung zahlt, also Angestellter (nicht aber Beamter oder Selbständiger) ist und mehr als 400,- Euro im Monat verdient. Mini-Jobber (geringfügig Beschäftigte) und Ein-Euro-Jobber (offiziell: Arbeitsgelegenheit in der Mehraufwandsvariante) fallen also nicht in diese Kategorie.

Auf 1.000 Einwohner im Alter von 15 bis 64 Jahren kommen in „Neufünfland" 523 sozialversicherungspflichtig Beschäftigte. Oder anders ausgedrückt: Die Beschäftigtenquote beträgt hier 52,3 Prozent. In den alten Ländern sind es 50,7 Prozent, in Berlin sogar nur 42,6 Prozent. Unter den fünf Bundesländern mit dem höchsten Anteil an sozialversicherungspflichtig Beschäftigten liegen drei ostdeutsche Länder. Nur die „Musterstaaten" Bayern (Rang 1 mit 53,4 Prozent) und Baden-Württemberg (Rang 5 mit 52,4 Prozent) können da mithalten. Brandenburg folgt auf Rang 6 (52,1 Prozent), nur Mecklenburg-Vorpommern liegt mit 50,2 Prozent auf Platz neun, hinter Hessen (51,1 Prozent) und Rheinland-Pfalz (50,7 Prozent).

Die rote Laterne hat Berlin. Hier beträgt die Beschäftigtenquote gerade mal 42,6 Prozent. Das kann viele Gründe haben. Süddeutsche Politiker würden es auf die mangelnde Arbeitsmoral der Hauptstädter schieben, Berliner auf die schlechte Arbeitsmarktlage. Der Statistiker-Blog erinnert noch an zwei andere Faktoren. Einerseits die hohe Zahl von Studenten. Das erklärt auch, warum ausgerechnet Städte wie Heidelberg, Würzburg und Freiburg beim

Regional-Ranking der Initiative Neue Soziale Marktwirtschaft (INSM) unter den zehn Land- und Stadtkreisen mit dem niedrigsten Beschäftigtenanteil landen. Das hinderte die Wirtschaftslobbyisten allerdings nicht daran, den Städten ihre niedrige Beschäftigenquote als Schwäche anzukreiden. Auch ein hoher Anteil an Selbständigen (freie Journalisten, Künstler, Anwälte, etc.) und Beamten (Ministerien) könnte die schlechte Quote der Berliner zumindest teilweise erklären.

Gibt es also in Westdeutschland so viel mehr Beamte und Freiberufler? Mitnichten. Eine mögliche Erklärung finden wir, wenn wir die sozialversicherungspflichtig Beschäftigten nach Geschlecht ansehen. Betrachtet man nur die Beschäftigtenquote der Frauen, tauschen Bayern und Brandenburg den Platz, Bayern stürzt auf Rang sechs ab (49,7 Prozent), Brandenburg landet mit 53,4 Prozent auf Rang eins. Bei den Männern beträgt die Beschäftigtenquote dort dagegen nur 50,9 Prozent. Auch in Berlin, in Mecklenburg-Vorpommern und in Sachsen ist ein höherer Anteil von Frauen sozialversicherungspflichtig beschäftigt.

Es sind also die Frauen, die dafür sorgen, dass die fünf neuen Länder so hohe Beschäftigtenquoten haben und bei der sozialversicherungspflichtigen Beschäftigung noch vor dem Westen liegen. Sie arbeiten im Osten traditionell deutlich häufiger.

Ein anderes Bild ergibt sich auch, wenn man die geringfügig Beschäftigten mit dazu nimmt. Dann liegt die Beschäftigtenquote in Westdeutschland mit 60,5 Prozent deutlich über der Ostdeutschen (58,6 Prozent). Unter den fünf Ländern mit der höchsten Quote finden sich nur noch westdeutsche Länder. Ganz vorne bleibt Bayern mit 62,7 Prozent, das jetzt auch bei den Frauen ganz vorne liegt (62,8 Prozent). Schlusslichter sind die Stadtstaaten mit hoher Arbeitslosigkeit, vielen Selbständigen und vielen Studenten. Davor: Mecklenburg-Vorpommern.

Wird die Kinderarmut unterschätzt?

11. Februar 2013

Die Armut von Familien wird unterschätzt, die von Alleinstehenden dagegen zu hoch angesetzt. Das legt zumindest eine Betrachtung der Zahlungen der Jobcenter nahe.

Armut ist ein großes Thema, spätestens seit die Armutsquoten in der ersten Hälfte der Nuller-Jahre auf eine neue Rekordhöhe seit den 1970er Jahren gestiegen sind.

Doch wie aussagekräftig sind diese Quoten wirklich? Um Alleinstehende mit Familien vergleichen zu können werden die Einkommen aufgrund von Äquivalenzskalen umgerechnet. Dieses Nettoäquivalenzeinkommen soll berücksichtigen, dass ein Haushalt mit vier Personen mehr Geld braucht als einer mit einer Person, allerdings nicht viermal so viel. Statistiker-Blog-Leser wissen es längst, für jeden weiteren Erwachsenen unterstellt man einen zusätzlichen Bedarf von 50 Prozent, für jedes Kind einen von 30 Prozent.

Ähnliche Probleme für das Jobcenter

Vor ähnlichen Problemen stehen die Jobcenter. Bei der sogenannten Regelleistung steigt der Bedarf für einen zweiten Erwachsenen um 80 Prozent, für ein Kind um 60 bis 80 Prozent und somit deutlich stärker als bei den Armutsforschern. Allerdings ist dabei die Miete noch nicht berücksichtigt. Die tatsächlichen Bedarfe einschließlich Miete findet man bei der Statistik der Bundesagentur für Arbeit.

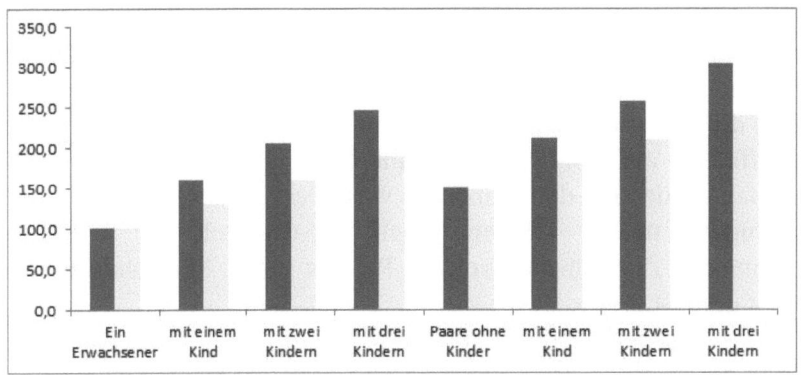

Bild 21 *Vergleich von Bedarfen im SGB II (dunkel) und in der Armutsforschung (hell) nach Haushaltsart. Quelle: Bundesagentur für Arbeit, eigene Berechnung*

Die Bedarfe der Bundesagentur für Arbeit geben an, wie viel Geld eine Person oder eine Familie erhalten würde, wenn sie keinerlei Einkommen hat und nicht sanktioniert wird.

Um mich der Fragestellung zu nähern habe ich einmal Alleinstehende und Alleinerziehende mit Paaren mit jeweils gleicher Kinderzahl verglichen. Ein kinderloses Paar bekommt durchschnittlich 50,8 Prozent mehr als ein Single.

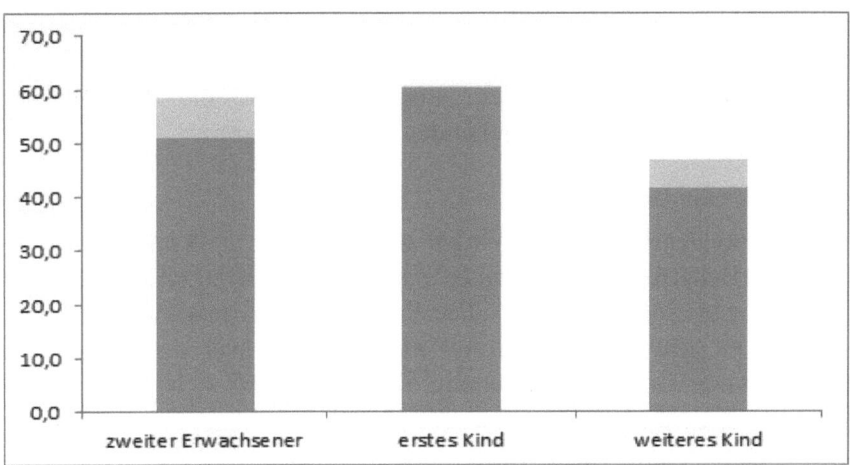

Bild 22 *Höchster beziehungsweise niedrigster Bedarf für eine zusätzliche Person in Prozent des Bedarfs eines kinderlosen Alleinstehenden. Quelle: eigene Berechnung auf Basis von Daten der Bundesagentur für Arbeit*

Vergleich auf Basis der SGB II-Bedarfe

Beim Vergleich von Alleinerziehenden mit Paaren gleicher Kinderzahl bekommen die Paare 51,1 (ein Kind) beziehungsweise 53,3 Prozent (zwei Kinder) des Bedarfes eines Alleinstehenden mehr. Bei drei Kindern springt die Differenz auf 58,4 Prozent, allerdings gibt es nur rund 50.000 Alleinerziehende mit drei Kindern, was die Zahl anfällig für zufällige Verzerrungen macht. Unterm Strich ist der von der Wissenschaft angenommene Zusatzbedarf von 50 Prozent eines Alleinstehenden nicht schlecht geschätzt.

Jobcenter bei Kindern deutlich großzügiger als Wissenschaft

Anders bei Kindern. Ich habe dazu kinderlose mit Familien mit einem Kind, Familien mit einem mit Familien mit zwei und Familien mit zwei mit Familien mit drei Kindern verglichen, jeweils getrennt nach Alleinerziehenden und Paaren.

Auffällig: das erste Kind fällt aus dem Rahmen. Dann steigt der Bedarf um 60,2 (Alleinerziehende) beziehungsweis 60,5 Prozent (Paare) dessen, was ein Alleinstehender erhält. Bei den weiteren Kindern liegt der Wert zwischen 41,6 und 46,9 Prozent, also deutlich jenseits der 30 Prozent.

Für Erwachsene deckt sich die Praxis der Jobcenter also mit den Annahmen der Armutsforscher, bei Kindern sind die Behörden deutlich großzügiger als die Wissenschaft. Würden die Maßstäbe des SGB II auch beim Nettoäquivalenzeinkommen angelegt, würde die Kinderarmut deutlich steigen, die von Alleinstehenden dagegen sinken.

Kommentar zur Kinderarmut

Vielleicht sind Deutschlands Behörden zu großzügig. Vielleicht reichen 30 Prozent des Bedarfes eines Alleinstehenden für ein Kind zum Überleben aus. Doch wer so denkt, hat das Prinzip der Armutsstatistik nicht verstanden. Es geht nicht darum, mit wie viel Geld man auskommt. Wer deutlich weniger Geld zur Verfügung als andere fühlt sich arm, auch in einer reichen Gesellschaft.

Die Betrachtung der Bedarfe im SGB II hat natürlich Schwächen. Denn diese Bedarfe sind nicht gottgegeben, sondern wurden von Beamten so festgesetzt. Doch die Rechtsprechung zwingt die dazu, ihre Festlegung auch zu verteidigen. Natürlich erhebt auch das diese Berechnung nicht über alle Kritik. Doch es sollte schon zu denken geben, wenn die Praxis der Jobcenter so von der Theorie abweicht und die Behörden bei Kindern weit geringere Einsparungen unterstellen als die Armutsforschung.

Es ist verständlich, dass die Armutsforscher keine Diskussion über die Äquivalenzskalen wollen. Verschiedene Skalen würden die Glaubwürdigkeit dieser Statistik untergraben. Allerdings liegt die aktuelle Praxis zu weit von der Realität entfernt. Denn als die Skalen entworfen wurden, gaben Familien noch einen Großteil ihres Einkommens für Lebensmittel aus - von den Kindern tatsächlich weniger verbrauchen. Außerdem war Bildung noch nicht so ein Thema wie heute und die meisten Familien hatten zwei oder mehr Kinder.

Besonders groß ist der Unterschied zwischen dem Ansatz der Wissenschaft und dem der Jobcenter aber bei Haushalten mit einem Kind. Warum das erste Kind die Steuerzahler sogar mehr kostet als ein Erwachsener, obwohl der Regelsatz für Kinder auch im SGB II niedriger liegt als für Volljährige? Der Grund liegt in den Wohnkosten. Für ein kinderloses Ehepaar wird oft nur eine Zweizimmerwohnung genehmigt, denn die Partner schlafen üblicherweise in einem Zimmer. Eine Alleinerziehende mit Kind bekommt dagegen ein Kinderzimmer, deshalb liegt der Bedarf mit rund 1.070 Euro höher als bei einem kinderlosen Paar (rund 1.010 Euro).

Die einfachste Lösung wäre daher einfach, die Unterscheidung in Kinder und Erwachsene abzuschaffen. Das weicht zwar von der Praxis der Jobcenter ab, wäre aber der beste Kompromiss.

Die Armutsquote von Familien würde trotzdem steigen. Aber das bildet nur die Realität ab. Und im Gegenzug wären weniger Alleinstehende arm, denn durch die höheren Bedarfe sinkt auch das mittlere Nettoäquivalenzeinkommen.

Erläuterung zum Nettoäquivalenzeinkommen

Was ist ein niedriges Einkommen? Und was ein hohes? Üblicherweise werde Armut und Reichtum relativ zum Medianeinkommen definiert. Der Median teilt eine Gruppe in zwei gleich große Teile, wer also genau das Medianeinkommen einnimmt, hat genauso viele Mitbürger die mehr wie solche die weniger als er bekommen.

In der politischen Diskussion wird vor allem die Zahl der Armutsgefährdeten betrachtet. Dazu zählen alle Haushalte, die weniger als 60 Prozent des Medianeinkommens zur Verfügung haben, ab 50 Prozent spricht man von Armut (wenngleich in der öffentlichen Diskussion die Armutsgefährdung meist als Armut bezeichnet wird), bei weniger als 40 Prozent des Medianeinkommens von strenger Armut.

Allerdings braucht ein großer Haushalt natürlich auch mehr Geld. Zwei Erwachsene benötigen aber kein doppelt so hohes Einkommen, denn sie können vieles teilen. Sie müssen keine zwei Kühlschränke und keine zwei Staubsauger kaufen, keine doppelt so große Wohnung mieten. Deshalb wird für jeden weiteren Erwachsenen und jeden Jugendlichen ab 14 Jahren nur ein Bedarf von 50 Prozent dessen angenommen, was ein Alleinstehender benötigt. Nach der alten OECD-Skala wurden noch 70 Prozent unterstellt, doch der Wert wurde um 20 Prozentpunkte abgesenkt.

Für jedes Kind unter 14 Jahren werden sogar nur 30 Prozent des Bedarfs eines Alleinstehenden angenommen. Zusätzlich zu den Einsparungen durch die gemeinsame Haushaltsführung unterstellt man hier, dass aufgrund des geringeren Bedarfes für Lebensmittel und verschiedener Ermäßigungen noch einmal zusätzlich 40 Prozent weniger Geld kostet (also 40 Prozent der 50 Prozent eines nicht alleinstehenden Erwachsenen, somit 20 Prozent des Gesamtbetrages).

Auch hier war der Wert früher höher, nach der alten OECD-Skala wurden einem Kind 50 Prozent dessen zugebilligt, was ein alleinstehender Erwachsener benötigt. Bei der Reform wurde der Wert, wie bei den Erwachsenen, ebenfalls um 20 Prozentpunkte gekürzt – und damit relativ deutlich stärker als bei den Erwachsenen.

Ein Beispiel: Eine Familie besteht aus zwei Erwachsenen, einem 15-Jährigen und zwei Kindern unter 14. Für den ersten Erwachsenen wird der gleiche Bedarf verwendet wie für einen Alleinstehenden, also 100 Prozent oder 1,0. Der Partner und der 15-Jährigen haben einen Bedarf von 50 Prozent oder 0,5, die beiden Kinder unter 14 von 30 Prozent oder 0,3.

Das gibt in der Summe: 1,0 + 0,5 (Partner) + 0,5 (Jugendlicher) + 0,3 (Kind 1) + 0,3 (Kind 2) = 2,6. Liegt die Armutsgefährdungsgrenze für einen Alleinstehenden bei 800,00 Euro (was im Jahr 2013 ein realistischer Wert ist), dann liegt sie für diesen Haushalt bei, 2,6-fachen, also 2.080,00

Euro. Unsere Familie ist also armutsgefährdet, wenn das Nettoeinkommen aller Haushaltsmitglieder (einschließlich staatlicher Transfers wie Kindergeld oder Arbeitslosengeld) zusammen unter 2.080,00 Euro liegt.

Vom Euro zum Deutscho?

21. Dezember 2010

60 Prozent der Deutschen wollen den Euro behalten, aber 56 Prozent halten die D-Mark für das bessere Geld. Nur 36 Prozent wollen die D-Mark zurück, sagt Infratest dimap. 51,4 Prozent wünschen sich die D-Mark zurück, sagt Ipsos. 47 Prozent wollen die D-Mark zurück, sagt TNS Emnid. Wie das?

Zuerst einmal muss man sagen, dass natürlich jede Umfrage mit einer gewissen Unsicherheit verbunden ist. Niemand kann schließlich alle Bürger befragen. Man muss also von einer Stichprobe auf die Gesamtbevölkerung schließen. Das ist oft nicht ganz einfach, denn wer am Montag um 10.00 Uhr in der Fußgängerzone Passanten befragt, wird dort überdurchschnittlich viele Haufrauen (und -männer), Rentner und Studenten antreffen, aber wenige Angestellte und noch weniger Arbeiter (Fabriken sind ja meist nicht in der Fußgängerzone). Wer dagegen eine Online-Umfrage durchführt, wird eher wenig Ältere erreichen und wenn doch, dann meistens dem Neuen eher aufgeschlossene Senioren.

Unter Umständen muss man also noch etwas rechnen. Bei Wahlumfragen erheben einige Meinungsforschungsinstitute beispielsweise auch die Wahlentscheidung der vergangenen Wahl. Wenn dann (prozentual) mehr Befragte angeben, bei der letzten Wahl SPD gewählt zu haben als die Partei Stimmen hatte, fließt deren Meinung entsprechend weniger stark in die Umfrage ein. Auch dieses Verfahren ist allerdings nicht ohne Tücken, denn meistens wollten im Nachhinein alle den Sieger gewählt haben.

Im obigen Fall ist die Sache aber etwas komplizierter. Anders als teilweise zu lesen war, sind nicht 54,4 Prozent für die Wiedereinführung der D-Mark. Und dass 56 Prozent die D-Mark für das bessere Geld halten, heißt nicht, dass der gleiche Prozentsatz auch die D-Mark wieder will. Das zeigt eine Umfrage des Bankenverbandes aus dem Jahr 2008 deutlich. Demnach halten 59 Prozent die Euro-Einführung für nicht gut. Doch davon wollen fast die Hälfte (42 Prozent, entspricht 25 Prozent aller Befragten) die D-Mark trotzdem nicht zurück. Nur 34 Prozent der Befragten (also 58 Prozent der Euro-Gegner) sind dafür, den Euro wieder abzuschaffen.

Das deckt sich mit der oben zitierten Umfrage, nach der 36 Prozent die D-Mark wiedereinführen wollen, aber 60 Prozent den Euro behalten möchten. Dabei gibt es übrigens deutliche Unterschiede je nach Bildungsstand. Wer FH-Reife oder Abitur hat, will zu 80 Prozent den Euro behalten, 17 Prozent wollen ihn abschaffen. Befragte mit Mittlerer Reife sind zu 56 Prozent gegen die D-Mark-Wiedereinführung, zu 39 Prozent dafür. Nur bei den Befragten ohne oder mit Haupt- beziehungsweise Volksschulabschluss will die Mehrheit den Euro abschaffen, nämlich 49 Prozent, während 48 Prozent dagegen sind.

Die Ergebnisse sind also gar nicht so widersprüchlich und verwirrend, wie landauf, landab die Kommentatoren in Zeitungen, Blogs und Online-Foren behaupten. Die meisten Deutschen mögen den Euro nicht und rund die Hälfte wünscht sich die D-Mark zurück. Aber mehr im Sinne von "Könnten wir doch in die Vergangenheit reisen und die Euroeinführung verhindern". Eine konkrete Abschaffung des Euro will nur eine (wenngleich große) Minderheit.

Jugendliche im SGB II: Verrechnet

23. Januar 2013

Die Frankfurter Rundschau will herausgefunden haben, dass Jugendliche in der Grundsicherung für Arbeitsuchende („Hartz IV") nur 135 Euro pro Monat nach Abzug von Miete und Heizung erhalten. Die Zahl wurde bereits mehrfach in anderen Medien zitiert – nur leider ist sie falsch.

Es ist auch nicht ganz einfach. Die Jobcenter bestimmen nämlich zunächst einen Bedarf. Das ist das

Bild 23 Wie viel Geld bekommen Jugendliche in Hartz IV? 135 sagt die Frankfurter Rundschau. Das ist nur leider falsch. Bild: Bundesagentur für Arbeit

Geld, das einer Bedarfsgemeinschaft (das kann ein Alleinstehender, ein Paar oder eine Familie mit Kindern sein) pro Monat zusteht, wenn sie kein Einkommen hat und nicht sanktioniert wurde. Auch diese Zahl gibt es in der Statistik.

Davon geht dann das Einkommen weg. Dazu gehören nicht nur das Erwerbseinkommen, sondern auch Unterhaltszahlungen, Kindergeld und andere Sozialleistungen. Kinder und Jugendliche haben deshalb einen besonders niedrigen Leistungsanspruch. So heißt der um angerechnetes Einkommen bereinigte Bedarf. Auch dazu gibt es eine Statistik.

Schließlich werden noch Sanktionen abgezogen und gegebenenfalls Überzahlungen aus vergangenen Monaten verrechnet. Das ist dann der sogenannte Zahlungsanspruch, die Zahl also, die die Journalisten der Frankfurter ausgegraben.

Leider habe ich keine schöne Übersicht für Jugendliche gefunden, sondern nur eine für alle Bedarfsgemeinschaften. Die sagt leider sehr wenig über den Bedarf von Jugendlichen, da darin sowohl große Familien als auch Alleinstehende enthalten sind. Aber man kann daran den Unterschied zwischen Zahlungsansprüchen und Bedarfen etwas deutlich machen.

Der durchschnittliche Bedarf liegt demnach bei rund 970 Euro pro Bedarfsgemeinschaft. Ausgezahlt werden dagegen nur rund 680 Euro, vor allem aufgrund der Einkommensanrechnung. Sanktionen machen nur rund 5 Euro aus. Das heißt aber nicht, dass eine Bedarfsgemeinschaft durchschnittlich mit 680 Euro auskommen muss, denn sie hat ja noch das Einkommen. Weil das nicht vollständig angerechnet wird liegt das durchschnittliche Haushaltseinkommen trotz Sanktionen sogar etwas höher als der Bedarf von rund 970 Euro, nämlich bei 1.040 Euro.

Ein Jugendlicher muss also nicht von durchschnittlich 135 Euro leben, sondern von 135 plus Erwerbseinkommen und meistens plus 184 Euro Kindergeld.

Journalisten ohne Zukunft?

27. November 2012

Das Jahr 2012 hat es die Zeitungsbranche schwer getroffen. Die Financial Times Deutschland wird Anfang Dezember eingestellt, die Frankfurter Rundschau ist insolvent und die Nürnberger Abendzeitung ist bereits im September das letzte Mal erschienen. Auch das Stadtmagazin Prinz wird es nicht mehr lange geben und die Nachrichtenagentur dapd steht ebenfalls vor dem Ende.

Schon seit langem stagnieren die Einnahmen der Zeitungen aus Werbung. Vor allem von 2008 auf 2009 gab es einen deutlichen Rückgang und noch mal im Jahr 2012. Denn immer mehr Geld fließt ins Internet und dort nur zu einem kleinen Teil in journalistische Produkte.

Was bedeutet das für die Arbeitsmarktchancen für Journalisten? Die waren bekanntlich schon in den vergangenen Jahren nicht sehr rosig. Gefühlt ein Viertel der Abiturienten möchte im Beruf "was mit Medien" machen. "Was mit Statistik" dürfte dagegen eher selten genannt werden. Und auch die Zeitungen sind ja schon länger in der Krise.

In der Beschäftigtenstatistik hat sich das bisher noch nicht bemerkbar gemacht. Die Zahl der Beschäftigten im Bereich "Publizisten" ist von 1999 bis 2011 sogar um 25 Prozent gestiegen. Das ist zwar weniger, als die 40 Prozent bei den Wirtschafts- und Sozialwissenschaftlern, zu denen auch die Statistiker gehören, aber immer noch beachtlich. Auch die Zahl der Freiberufler ist weiter angestiegen und die Arbeitslosigkeit ist bisher eher gesunken.

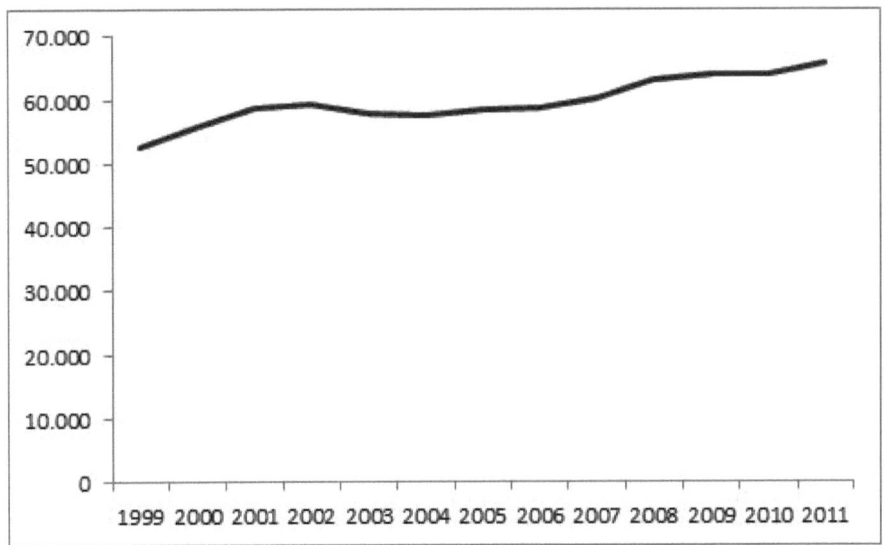

Bild 24 *Sozialversicherungspflichtig beschäftigte Journalisten (einschließlich Rundfunk- und Fernsehsprecher und Schriftsteller). Quelle: Bundesagentur für Arbeit*

Natürlich sind hier nicht nur klassische Journalisten enthalten. Auch Redakteure bei Kunden- und Mitarbeiterzeitungen und Pressesprecher sind mit dabei. Aber auch das sind ja Arbeitsplätze für Journalisten.

Allerdings sagen diese Zahlen wenig über die Zukunft aus. Auch ich wage hier keine Prognose.

Technik

Technik beherrscht unser Leben in großem Maße. Deshalb dürfen natürlich auch einige Statistiken zu technischen Themen nicht fehlen. Ein Großteil davon dreht sich um IT und Internet, nicht zuletzt, weil es dort so viele Daten gibt – und weil es interessant ist.

Auch einen Exkurs gibt es in diesem Kapitel. In dem geht es zwar um Zahlen, aber nicht um Statistiken – sondern um die Systematik, die hinter unseren Telefonnummern steckt.

Dreiste Spammer

28. August 2012

Obwohl ich mittlerweile die Diskussionen zu den Statistiker-Blog-Beiträgen nach zwei Wochen schließe, erhalte ich immer noch jede Menge Kommentar-Spam. Meist in englischer Sprache und im Regelfall für Versicherungen oder Autohändler. Doch zuletzt hat eine deutsche Seite mein Missfallen erregt. Sie ist mir nicht nur wegen der Häufigkeit der Einträge, sondern auch durch das schlechte Deutsch aufgefallen:

Nachdem ich in vor einiger Zeit bei einigen Online-Magazinen recherchiert habe, kam ich hinsichtlich der positiven Ansichten die dort vertreten werden, dazu mich bei webseiten-anmelden-sofort anmelden zu lassen.

Obwohl Deutschland eine der größten Wirtschaftsnationen ist, taucht es auf der Liste der zehn wichtigsten Spam-Herkunftsländer nicht auf. Der Spam-Standort Deutschland schwächelt also. Nummer eins ist übrigens keineswegs Russland, sondern die USA. Nach einer Studie des Kaspersky Lab kommen rund 15 Prozent der Spam-Mails aus den Vereinigten Staaten. Die üblichen Verdächtigen Indien (sieben Prozent), Russland (sieben Prozent) und Rumänien (fünf Prozent) folgen auf den Plätzen zwei bis vier.

Meistens, nämlich in 29 Prozent der Fälle, ging es 2009 in den Spam-Mails um Werbung für Internetangebote. 2007 lag der Schwerpunkt noch auf Werbung für Produkte.

33 Milliarden Kilowattstunden Strom wurden dafür im Jahr 2009 verbraucht, behauptet das Software-Unternehmens Mc Afee, das vor allem

Anti-Viren-Programme herstellt. Zum Vergleich: die Stromproduktion in Deutschland beträgt jedes Jahr rund 600 Milliarden Kilowattstunden, davon produzierten die Kernkraftwerke 135 Milliarden Kilowattstunden. Der Stromverbrauch entspricht also der Produktion mehrerer Reaktoren. Rund 17,7 Milliarden Kilowattstunden verbraucht das Anzeigen von Spam, 5,5 Milliarden die Spam-Filterung. Rund 9,2 Milliarden Kilowattstunden kosten fälschlicherweise als Spam eingestufte Mails. Das Erstellen von Spam benötigt dagegen nur 0,2 Milliarden Kilowattstunden. Wie viel Strom das Schreiben dieses Beitrags über Spam verbrauchte, ist nicht bekannt.

Heute gehen wir fremd

27. September 2010

Heute gehen wir mal fremd. Es geht nämlich diesmal nicht um Statistik, wohl aber um Zahlen. Genauer gesagt um Telefonvorwahlen. Viele große Städte haben eine vierstellige Telefonvorwahl mit einer 11 am Ende, beispielsweise 0911 für Nürnberg oder 0211 für Düsseldorf. Dann gibt es noch größere Städte mit einer 9 am Ende, etwa 069 für Frankfurt und schließlich die ganz großen mit einer 0, nämlich Berlin mit 030 und Hamburg mit 040. Warum? Warum hat Frankfurt nicht die 060, sondern die 069 und warum hat Nürnberg nicht die 090?

Die Antwort ist ganz einfach, wenn man sich ein altes Telefon mit Wählscheibe vorstellt. Die 0 ist die Zahl, bei der die Wählscheibe am weitesten laufen muss. Die 0900 wäre also die aus Sicht des Wählscheibenwählers absolut ungünstigste denkbare vierstellige Telefonnummer (die 0000 hätte ja sicher niemand vorgeschlagen).

Das gleiche, was da an der Wählscheibe passiert, lief vor dem digitalen Zeitalter auch auf der anderen Seite, nämlich bei der Post ab. Deswegen hat das bevölkerungsreichste Ruhrgebiet die mit 02 beginnenden Telefonnummern bekommen, die Ballungsräume Berlin und Hamburg die 03 und 04. Die 01 war ja für Sondernummern belegt und wird heute für Handys und Servicerufnummern verwendet.

Am Ende bekamen große Städte eine 11, nicht ganz so große Städte haben eine vierstellig Nummer mit der 1 am Ende, beispielsweise 0931 für

Würzburg und noch kleinere Städte eine fünfstellige Nummer mit einer 1 am Ende, beispielsweise 04131 für Lüneburg.

Deswegen hat die Feuerwehr auch die 112. Das ist die am schnellsten gewählte dreistellige Nummer abgesehen von der 111. Die aber war zu einfach. Kinder die mit dem Telefon spielen und immer die gleiche Zahl wählen, würden sofort einen Notruf starten.

Aber warum haben Frankfurt und München als letzte Stelle eine 9, Berlin und Hamburg aber eine 0? Bis 1973 hatten diese Städte auch vierstellige Nummern, Frankfurt sogar bis 1984. Also bekamen diese Städte bei der Umstellung die Ziffer, die noch frei war. Eine 041 für Hamburg kam nicht mehr in Frage. Schließlich gab es bereits viele Städte, die mit einer 041 begannen, etwa das oben genannte Lüneburg. Das Telefon weiß schließlich nicht, ob die Nummer 041312735 für 04131 – 2735 in Lüneburg steht oder 041 – 312735 in Hamburg. Also musste Hamburg eine komplett neue Nummer bekommen. Und da in Hamburg und Berlin nur noch die 0 frei war, haben beide Städte heute eine auf 0 endende Vorwahl. In München und Frankfurt war die 9 dagegen noch zu haben.

Damals war das ein Vorteil. Heute freilich sieht die 0 am Ende viel schicker aus.

Warum die Straßenbahn Statistik braucht
18. April 2011

Angefangen hat alles beim Straßenbahn fahren. Dort habe ich entdeckt, dass an den kleinen roten Kästchen, mit denen man seine Fahrkarte in den meisten deutschen Städten abstempelt, ein Zähler eingebaut ist. Und dann gibt es auch noch die Lichtschranken an den U-Bahnhöfen, mit denen man Passanten zählen kann. Die erste Frage, die der normale Fahrgast sich dabei stellt, ist natürlich: Gibt es dazu eine Statistik?

Genauer gesagt hat mich vor allem interessiert, ob diese Ergebnisse für die Verkehrsplanung oder die Verteilung der Einnahmen genutzt werden. Denn in nahezu allen deutschen Städten gibt es Verkehrsverbünde, bei denen man mit dem gleichen Ticket S-Bahn, Straßenbahn und Bus nutzen kann. Der erste seiner Art war der HVV, der Hamburger Verkehrsverbund im Jahr 1965. Vorher brauchte man für S- Bahn und die Hochbahn jeweils ein eigenes Ticket und für die Linienschiffe der HADAG wieder eines.

Heute kann man alle drei Verkehrsmittel mit einem Ticket benutzen. Das bedeutet aber auch, dass die Einnahmen zwischen den verschiedenen Partnern aufgeteilt werden müssen. Und dazu braucht man Statistiken.

Ich habe daher eine Anfrage an den flächenmäßig zweitgrößten Verkehrsverbund Deutschlands (nach dem Verkehrsverbund Berlin-Brandenburg) gestellt, den Verkehrsverbund Großraum Nürnberg (VGN). Wie zu erwarten war, werden die Zähler der Stempelautomaten nicht für die Verteilung der Mittel ausgewertet. Denn sie erfassen nicht die Umsteiger, die vorher schon gestempelt haben und nicht die Besitzer von Zeitkarten.

Anders sieht es mit den Zählungen an den U-Bahn-Eingängen aus. Die fließen im Zuge der Fortschreibung der Einnahmenaufteilungsdatenbank in das Verfahren ein.

Die Basis für die Verteilung bildet aber immer eine Fahrgastbefragung. "Nur aus einer Befragung erhalten Sie die für die Einnahmenaufteilung erforderlichen Tarif- und Strukturdaten", schreibt Andreas Mäder vom VGN (Vielen Dank an dieser Stelle für die sehr schnelle und ausführliche Antwort).

Um die Ergebnisse dieser Fahrgastbefragung fortzuschreiben und zu aktualisieren werden Verkehrszählungen durchgeführt, bei denen Mitarbeiter die Fahrgäste in Bussen und Bahnen zählen. Die Zähldaten müssen in geraden Jahren für die Fortschreibung der Einnahmenaufteilung bei der Verbundgesellschaft eingereicht werden, in den ungeraden Jahren ist das freiwillig möglich.

Daraus wird dann errechnet, wie viel Geld jeder Dienstleister aus den Einnahmen des Verbundes erhält. Ohne Statistik müssten also tausende Pendler jeden Tag zwei oder drei Fahrkarten mehr kaufen.

Google, die Datenkrake

30. März 2011

Google ist überall. Das gilt alleine schon für die Suchmaschine. Sie ist aber nur ein kleiner, wenngleich der wichtigste Teil des Googleversums. 99,3 Prozent der deutschen Internet-Nutzer kennen die Suchmaschine Google, 92,6 Prozent nutzen sie. Auch sehr bekannt (89,7 Prozent), aber deutlich seltener genutzt (41,8 Prozent) ist das Videoportal YouTube. Mit Android beherrscht der Gigant mittlerweile auch den Markt für mobile Betriebssysteme.

Kern und Angelpunkt ist jedoch die Suchmaschine. Ihr Marktanteil ist seit Beginn des Jahrtausends stetig gewachsen. Während sich vor rund zehn Jahren noch mehrere Anbieter wie Yahoo, Fireball und Lycos ein größeres Stück am Kuchen sichern konnten, ließ Google nach und nach alle Konkurrenten zurück.

Nach einer Übersicht des Anbieters von Netz-Statistiken Webhits über rund 45.000 von ihm erfasste Suchergebnisse ist der Marktanteil seitdem weiter gewachsen und lag Ende März bei 88,9 Prozent.

Hinzu kommen andere Anbieter, die Google für ihre Suchmaschinen nutzen wie web.de, search.com oder T-Online. Diese haben noch mal mindestens 3,5 Prozent Marktanteil. Bing erreicht 3,6 Prozent. Mitgerechnet ist dabei die Suche über MSN, die Webhits aus unerfindlichen Gründen getrennt aufführt. MSN Live Search gibt es ja bekanntlich nicht mehr, sondern wurde von Bing abgelöst. Yahoo kommt einschließlich suche.freenet.de auf 2,7 Prozent, der Rest auf maximal 1,3 Prozent. Maximal deswegen, weil unklar ist, wie viele der sonstigen Suchmaschinen letztendlich auf eine andere Suchmaschine zurückgreifen. Unter anderem sind in den 1,3 Prozent auch Metasuchmaschinen wie metager.de enthalten, die keine eigene Websuche durchführen, sondern auf mehrere andere Suchmaschinen zugreifen und deren Ergebnisse zusammenführen.

Anmerkung: Auch Bing und Yahoo kooperieren in Sachen Suchtechnologie, sind in diesem Beitrag aber getrennt aufgeführt.

.

Bevölkerung

Demographie ist das neue Lieblingsthema der Deutschen. Das heißt, so neu ist es nicht, schon vor fast 100 Jahren beklagte man den Geburtenrückgang, wenngleich das damals nur ein gebremstes Bevölkerungswachstum und keinen Bevölkerungsrückgang bedeutete. Eigentlich ist die Bevölkerungsentwicklung ein langweiliges Thema, denn vieles ändert sich nur in sehr langen Zeiträumen. Es gibt aber auch ein paar spannende Daten – und die habe ich in diesem Kapitel zusammengetragen.

Von wegen Multikulti in Berlin

21. Februar 2011

Berlin ist jung, szenig und multikulti, so heißt es. Die einen Berliner sind stolz darauf, sprechen von Internationalität, die anderen von Überfremdung. Nur leider ist Berlin gar nicht so multikulti. Zumindest nicht, wenn man die gesamte Stadt betrachtet.

Pforzheim, Rosenheim, Heilbronn und Nürnberg schlagen Berlin. Sie alle haben einen deutlich höheren Ausländeranteil als die Hauptstadt (12,7 Prozent). Spitzenreiter unter den Großstädten ist Offenbach mit 22,3 Prozent vor München mit 21,7 Prozent und Ludwigshafen mit 20,1 Prozent. Die übrigen Städte unter den Top-10 liegen alle in Hessen, Bayern oder Baden-Württemberg. Berlin spielt noch nicht einmal in der ersten Liga. Es liegt erst auf Platz 37 und darf damit gerade noch so in der zweiten Liga mitspielen.

Nicht einmal ein Viertel der Ausländer in Berlin sind nach Erhebungen des Statistischen Amtes Berlin-Brandenburg übrigens Türken, auch wenn diese mit 108.000 Menschen die größte Gruppe stellen. Gerade einmal 353 Türken gibt es in Marzahn-Hellersdorf, mit seinen rund 250.000 Einwohnern größer als die meisten deutschen Großstädte. Insgesamt gibt es in dem Bezirk nur rund 8.000 Ausländer, das entspricht rund drei Prozent. Das erklärt auch die Differenz zwischen gefühltem und tatsächlichem Ausländeranteil. In Berlin-Mitte sind nämlich tatsächlich rund 27 Prozent der Einwohner Ausländer. Wäre der Bezirk eine eigene

Großstadt – und mit 333.000 Einwohnern wäre er sogar eine der größeren – würde Berlin-Mitte Offenbach auf Platz zwei verdrängen.

Auf noch kleinerer Ebene würden die Unterschiede zwischen den Stadtvierteln noch größer werden. Gut sehen kann man das in Nürnberg, weil das Statistische Amt Nürnberg-Fürth viele Daten sehr kleinräumig erhebt. Die 500.000 Einwohner der Stadt Nürnberg werden auf fast 100 statistische Bezirke aufgeteilt. Der Ausländeranteil liegt in der Stadt bei 17,2 Prozent, er schwankt jedoch zwischen 43,3 Prozent am Dianaplatz und 2,4 Prozent in Buchenbühl. In Berlin dürften die Unterschiede eher noch größer sein.

Trotzdem liebe Berliner, bildet euch mal nicht so viel ein. Multikulti-mäßig könnt ihr noch nicht mal mit Pforzheim mithalten.

Zensus lässt acht Prozent der Aachener verschwinden

8. Juli 2013

In Hameln verschwanden einst die Kinder. Schuld war kein Rattenfänger, sondern ein Werber, der die jungen Leute vermutlich ins heutige Brandenburg lockte. Vielleicht bilden sich um das Verschwinden von mehr als acht Prozent der Aachener einmal ähnliche Legenden, wenn Archäologen des Jahres 2513 auf alte Einwohnerstatistiken stoßen, das Wissen über den Zensus 2011 aber längst verloren gegangen ist.

Denn Aachen hat durch den Zensus rund 22.000 Einwohner verloren, das sind 8,4 Prozent der ehemaligen Bevölkerung. In Berlin waren es sogar rund 176.000 Menschen, das sind mehr als viele andere Großstädte Einwohner haben, auch wenn der prozentuale Rückgang mit 5,0 Prozent deutlich niedriger lag.

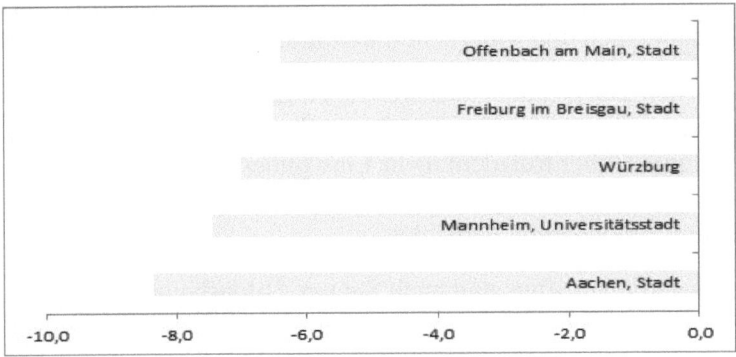

Bild 27 Korrektur der Bevölkerungszahlen durch den Zensus - Städte mit dem höchsten prozentualen Rückgang. Quelle: Statistisches Bundesamt

Insgesamt verloren die deutschen Großstädte 2,6 Prozent ihrer Einwohner, überwiegend Ausländer. Diese Verschiebungen haben einen einfachen Grund. Die Bevölkerungsstatistiken basieren nämlich auf den Daten der Einwohnerämter. Wenn sich ein Neubürger beim Umzug nicht ummeldet, ist die Bevölkerungszahl der alten Gemeinde zu hoch, die der neuen zu niedrig. Vor allem Studenten bleiben oft bei ihren Eltern gemeldet, womöglich mit ein Grund warum die Universitätsstadt Jena sogar um 0,6 Prozent wuchs.

Nun erklärt das aber nur Verschiebungen, nicht aber warum die Einwohnerzahl insgesamt zurückging - zumal nach dieser Theorie die Universitätsstädte profitiert haben müssten. Doch besonders hohe Bevölkerungsverluste haben Städte wie Aachen, Würzburg und Freiburg, die große Universitäten beherbergen.

Hier kommt ein zweiter Umstand ins Spiel. Denn wer innerhalb Deutschlands umzieht, meldet sich meistens früher oder später auch um. Die neue Gemeinde sorgt dann dafür, dass man am alten Wohnort abgemeldet wird. Das funktioniert aber nicht, wenn man ins Ausland zieht.

Deshalb sind vor allem Städte mit hohem Ausländeranteil wie Mannheim oder Offenbach betroffen - oder eben Orte mit bekannten Universitäten mit vielen ausländischen Studierenden wie beispielsweise die Rheinisch-Westfälische Technische Hochschule in Aachen. Dort halten sich viele Ausländer nur für kurze Zeit auf - beispielsweise für ein Auslandssemester. In der Statistik der Einwohnerämter bleiben sie aber stehen, sofern sie sich nicht abmelden. Hinzu kommen natürlich auch deutsche Studenten und Mitarbeiter, die ihrerseits ins Ausland gehen.

Aber natürlich gibt es auch Ausnahmen. Augsburg beispielsweise hat eine Universität mit immerhin rund 18.000 Studierenden und einen hohen Ausländeranteil, aber trotzdem mehr Einwohner. Hier haben andere Faktoren offenbar stärker gewirkt, womöglich hatten sich viele Neubürger nicht beim Einwohneramt gemeldet.

Besonders stark betroffen sind auch Siegen, Hildesheim, Salzgitter, Cottbus und Nürnberg. Die ersten vier haben nämlich ihren Status als Großstadt verloren, sie haben nach den neuen Daten weniger als 100.000 Einwohner. Nürnberg verliert den erst kürzlich stolz gefeierten Status als Halbmillionenstadt. Das ist umso ärgerlicher, als die gehasste Nachbarstadt Fürth sogar 323 Einwohner gewonnen hat.

Tempobereinigte Fertilitätsrate und Kohortenfertilität

5. März 2013

Als Statistik-Blogger beschäftige ich mich natürlich mit Zahlen, aber eben auch mit Worten. Deshalb ist es mir immer eine besondere Freude, wenn ich in statistischen Publikationen schöne neue Worte entdecke. Eines davon ist Kohortenfertilität, also die Zahl der Kinder je Frau eines bestimmten Geburtsjahrgangs. Im Gegensatz dazu steht die Periodenfertilität, also die Zahl der Kinder, die in einem bestimmten Jahr geboren werden.

Die Kohortenfertilität ist aber erst endgültig, wenn die Frauen eines Jahrgangs keine Kinder mehr bekommen können. In der Statistik wird die Zahl für endgültig erklärt, wenn die Frauen eines Geburtsjahrgangs 50 Jahre alt sind. Bis dahin muss man die Kohortenfertilität schätzen. Das tut man auf Basis der bisher geborenen Kinder. Das funktioniert aber nicht so einfach, wenn Frauen immer später Kinder bekommen.

Denn mit dem Trend zu höheren Abschlüssen und insbesondere der höheren beruflichen Qualifizierung von Frauen verschiebt sich auch das Kinderkriegen nach hinten. Will man also herausfinden, ob die heute 25-

jährigen Frauen weniger Kinder kriegen als die heute 50-jährigen das getan haben, muss man das berücksichtigen.

Die Frauen des Geburtsjahrgangs 1976 hatten beispielsweise bis zu ihrem 30. Geburtstag im Westen nur durchschnittlich 833 Kinder je 1.000 Frauen geboren, beim Jahrgang 1967 waren es noch 874 gewesen. Bis zu ihrem 35. Geburtstag hatten die Jüngeren aber die fast zehn Jahre älteren überholt, sie hatten nun 1.281 statt 1.269 Kinder.

Ihr Kinderlein kommet

24. Juni 2013

In letzter Zeit habe ich ein paar Rückfragen zum Thema Bevölkerungsentwicklung bekommen. Ist die Geburtenrate wirklich so niedrig? Aber bei mir in der Nachbarschaft sehe ich doch viele Kinder!

Um es kurz zu machen, die Geburtenrate bleibt niedrig und die Zahl der Kinder wird weiter sinken, nicht zuletzt weil es weniger potentielle Mütter gibt. Allerdings habe ich auf der Seite der Stiftung für die Rechte zukünftiger Generationen einen Link zu einer Studie des Max Plank Instituts für demographische Forschung gefunden, die für die Geburtenjahrgänge ab 1970 einen Anstieg der Geburten je Frau vorhersagt.

Wie in meinem Beitrag zur tempobereinigten Fertilitätsrate erläutert ist die Prognose dieser Geburtenziffern nicht ganz einfach. So unterstellen die Forscher, dass Frauen auch in Zukunft immer später Kinder bekommen und die Frauen des Geburtsjahrgangs 1979 die nächsten Jahre noch zahlreiche Kinder gebären werden.

Im Westen wird vermutlich der Geburtsjahrgang 1968 der mit den wenigsten Kindern sein (1,46), dann wird es bis auf 1,57 Kinder für den Jahrgang 1979 nach oben gehen. Im Osten prognostizieren die Forscher für den Jahrgang 1971 den Tiefpunkt mit 1,51 Kindern, deren Zahl auf 1,58 ansteigen soll. Wie viele Kinder die Frauen des Jahrgangs 1979 bekommen werden, weiß man erst 2029. Auf die zweite Nachkommastelle genau werden die Prognosen sicher nicht zutreffen. Allerdings sind sich die Forscher relativ sicher, dass die Zahl der Geburten je Frau eines Altersjahrgangs wieder steigen wird.

Gesundheit

In der modernen Medizin geht fast nichts ohne Statistik. Die Medizinstatistik ist ein bedeutender Bereich, für den Laien aber oft nur mäßig interessant. Ich habe ein paar Statistiken ausgesucht, die allerdings auch Nicht-Mediziner interessieren dürften. Dabei beschränke ich mich nicht nur auf körperliche Krankheiten, sondern nehme auch das Thema Depression und Selbstmord mit ins Visier.

Selbstmord ist out

14. Mai 2013

Früher war alles besser. Ego-Gesellschaft, Vereinsamung, Entwurzelung - wer ein Blick in die Gazetten wirft, will sich sofort umbringen. Tatsächlich ist die Zahl der Selbstmorde je 100.000 Einwohner aber seit Jahren rückläufig.

Nach 1900 war die Zahl der Selbstmorde zunächst angestiegen, dann aber im ersten Weltkrieg stark zurückgegangen. Das ist normal, denn in Kriegen geht die Zahl der Selbsttötungen bei Männern immer deutlich zurück, sie melden sich lieber zur Front – und Männer stellen rund 75 Prozent der Selbstmörder.

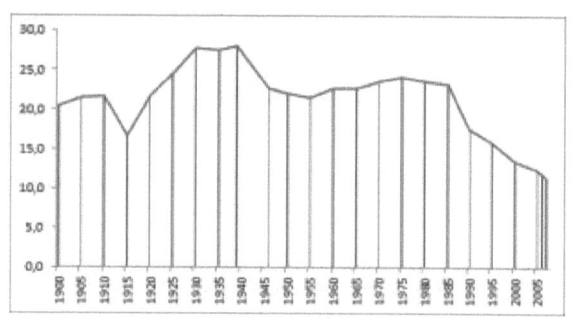

Bild 28 Anzahl der Suizide je 100.000 Einwohner seit 1895. Quelle: TU Dresden

In den Wirren der 20er Jahre hatten Selbstmorde Konjunktur. 1939 dann ein Allzeithoch, doch auf diese Zahl sollte man nicht viel geben. Denn ab 1933 gab es eine ganze Reihe von „Selbstmorden", bei denen von offizieller Seite nachgeholfen wurde.

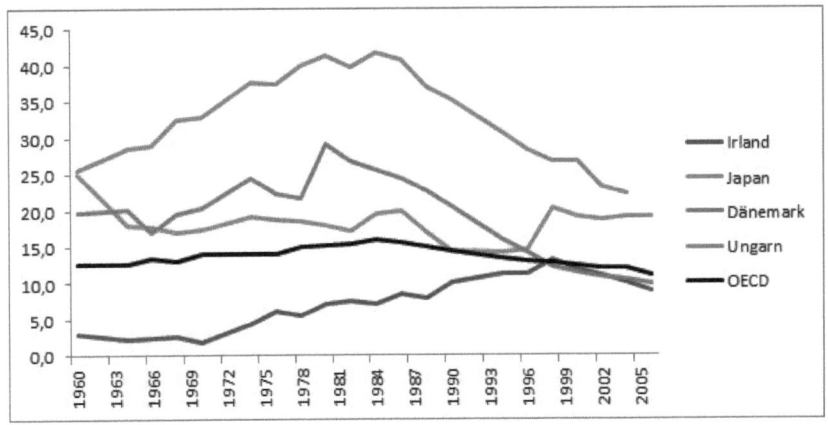

Bild 29 Entwicklung der Selbstmorde in ausgewählten Ländern. Quelle: OECD

Nach 1945 sank die Zahl der Selbstmorde tatsächlich, um ab 1955 wieder zu steigen. Alles so, wie Kulturpessimisten es erwarten würden. Doch ab 1975 geht es langsam bergab, trotz "Null-Bock-Generation" und "No Future" Anfang der 80er. Ab 1985 geht es dann deutlich runter, auch OECD-weit sinkt ab Mitte der 1980er Jahre die Zahl der Selbsttötungen.

Wie passt das zusammen, mehr Depressionen und weniger Selbstmorde? Und wie belastbar sind diese Zahlen? Tatsächlich wird nicht jeder Selbstmord entdeckt, vertuscht wurden Selbsttötungen aber vor allem in der Vergangenheit, als Selbstmord noch ein großer Makel war.

Lediglich Drogentote, die in Wahrheit Selbstmorde sind, dürfte es heute mehr geben als vor 50 Jahren. Außerdem gibt es mittlerweile eine Kategorie "sonstige Todesfälle", in der auch einzelne Selbstmorde verschwinden dürften.

Aber das alles reicht als Erklärung nicht aus. Mein erster Verdacht hat sich allerdings nicht bestätigt. Ich vermutete nämlich, dass die Alterung der Gesellschaft sich hier positiv auswirkt, weil man im Alter ruhig wird. Die Daten widersprechen der These aber, Selbstmord begehen in Deutschland nur wenige junge Menschen, die meisten sind in der Mitte des Lebens, aber auch viele über 70-Jährige bringen sich noch um.

Überzeugender ist eine andere Erklärung. Mehr Depressionen und weniger Selbstmorde sind zwei Seiten einer Medaille. Mehr psychiatrische

Angebote sorgen für mehr diagnostizierte Depressionen, aber zusammen mit einer verbesserten Suizidprophylaxe auch für weniger Selbstmorde.

Alles Einbildung ? Die Macht von Placebos

1. September 2011

Bringen viele Asthma-Medikamente keine echte Heilung? Dieser Frage sind US-Forscher nachgegangen und haben dazu die Wirksamkeit von Scheinmedikamenten und -therapien mit echten Medikamenten und Therapien vergleichen. Und es stellte sich heraus, dass das persönliche Empfinden der Kranken durch die Placebos genauso verbessert werden konnte wie durch "echte" Medikamente. Das berichtet Medical Observer. Das Unternehmen bezeichnet sich als weltweit führendes Gesundheitsportal und baut aktuell in Deutschland eine Niederlassung auf.

Allerdings ist die Grundgesamtheit der Placebo-Studie relativ klein. Nur rund 40 Leute wurden von den Forschern in mehreren Sitzungen behandelt. Drei verschiedene Methoden wurden dabei angewandt. Eine Gruppe erhielt einen Inhalator mit dem Wirkstoff Salbutamol, auch als Albuterol bekannt. Eine weitere Gruppe erhielt ebenfalls einen Inhalator, allerdings waren in dem Spray keine Wirkstoffe enthalten. Die dritte Gruppe schließlich bekam eine Placebo-Akupunktur. Ihr wurde eine Akupunktur angekündigt, aber Nadeln kamen dabei keine zum Einsatz. Der Krankheitsverlauf dieser 40 Leute wurde nicht nur untereinander verglichen, sondern auch mit einer Kontrollgruppe. Diese bekam keine Behandlung, wusste das aber auch.

Die Teilnehmer sowie die Angehörigen der Kontrollgruppe wurden schließlich nach ihrem Gesundheitszustand befragt. Sowohl bei den mit Salbutamol als auch den mit einem Placebo behandelten Patienten fühlten sich 40 bis 50 Prozent gesünder als zuvor. Zwischen den "falschen" und dem "echten" Medikament gab es kaum Unterschiede.

Können wir also in Zukunft viel Geld sparen und nur noch zerstäubte Luft statt teurer Medikamente verteilen? Leider nein. Die Forscher untersuchten nämlich auch die Einsekundenkapazität, also das innerhalb einer Sekunde ausgeatmete Volumen an Luft. Das Volumen stieg bei den Behandelten um

20 Prozent an, bei den mit Placebos versorgten Patienten dagegen nur um sieben Prozent.

Trotzdem laufen Ärzte weltweit Sturm gegen die Untersuchung. Schließlich zeigt sie, dass ein großer Teil der von den Patienten wahrgenommenen Verbesserungen ihrer Gesundheit nach einem Arztbesuch reine Einbildung und nicht ärztliche Kunst ist.

Wahrscheinliches und Unwahrscheinliches

Die Wahrscheinlichkeitsrechnung ist vielleicht der schönste Teil der Mathematik. Allerdings weiß ich, dass nicht jeder diese Ansicht teilt. Deshalb habe ich mich etwas zurück gehalten und nur eine kleine Auswahl von Beiträgen zu diesem Thema aufgenommen.

Wenig überraschend

4. Dezember 2012

Männer sind! Und Frauen auch. Sagt zumindest die Süddeutsche Zeitung. Frauen sehen demnach anders als Männer. Männern fallen auf Bildern andere Aspekte auf als Frauen. Und sie achten auch weniger auf Details. Die Unterschiede seien so eindeutig, heißt es da, dass aufgrund dessen, was die Probanden auf den Bildern wahrgenommen haben, sie zu 64 Prozent richtig als Männer oder Frauen identifiziert werden konnten.

Das hört sich nach viel an, aber ich könnte auch ohne jedes Wissen zu mindestens 50 Prozent richtig vorhersagen, welches Geschlecht die nächste Person hat, die an meinem Fenster vorbei geht. Sogar mit etwas mehr, denn mit dem Tipp Frau hat man eine Trefferquote von mehr als 50 Prozent.

Eine Trefferquote von 64 erreicht man, wenn man nur jede Dritte Person sicher vorhersagt und bei zweit rät. Für die geratenen liegt die Trefferquote nämlich bei 50 Prozent. Wenn wir den Dritten sicher wissen macht das $2/3*0,5+1/3*1=2/3$ oder 66,7 Prozent. So gesehen sind 64 Prozent nicht gerade eine beindruckende Quote.

Mit Stochastik zum Lotto-Millionär?

2. Dezember 2012

Immerhin 20 Spiele lang wurde die 16 laut dem Lotto-Barometer auf lotto.de schon nicht mehr gezogen. Wäre es da nicht mal Zeit?

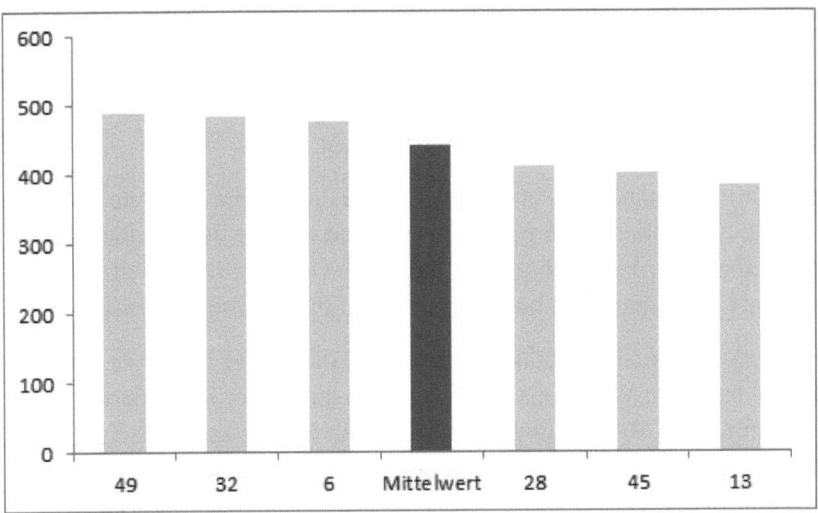

Bild 210 Die drei besonders häufig und die drei besonders selten bei 6 aus 49 gezogenen Zahlen sowie der Mittelwert aller gezogener Zahlen (jeweils ohne Superzahl). Quelle: lotto.de

Gleich eine ganze Reihe von Statistik-Gimmicks haben die Lottogesellschaften ins Netz gestellt. Unter anderem eine Übersicht aus der hervorgeht, welche Zahlen besonders häufig oder selten bei 6 aus 49 gezogen werden.

Abergläubische Leser dürfte es kaum überraschen, dass die 13 die mit Abstand am seltensten gezogene Zahl ist. Besonders häufig wird aber - anders als Verschwörungstheoretiker vielleicht glauben mögen - nicht die 23 (385 Mal bei einem Durchschnitt von 422 und damit Rang 36), sondern die 49 gezogen.

Hilfestellung zum Lottogewinn kann der Statistiker-Blog aber leider nicht bieten. Mitunter herrscht die Vorstellung, die 13 müsste nun in nächster Zeit besonders oft fallen, damit am Ende alle Zahlen gleich oft vorkommen. Doch so nett ist der Zufall nicht. Ohnehin ist der Unterschied zwischen den Zahlen nicht sehr groß. Rund 2,0 Prozent aller gezogenen Zahlen müssten eine 13 sein, tatsächlich sind es 1,8 Prozent. Alle anderen Ziffern kommen mindestens auf 1,9 Prozent.

Zwar gibt es in der Statistik ein Phänomen, das Regression zum Mittelwert genannt wird und bedeutet, dass sich die tatsächlichen Werte immer mehr den erwarteten anpassen, aber die funktioniert auch ohne dass die 13 "aufholt". Würden in den nächsten Jahren alle Zahlen 1.000 Mal gezogen, hätte die 13 den absoluten Rückstand zum Mittelwert kein bisschen aufgeholt, würde aber trotzdem den erwarteten Schnitt von 2,0 erreichen. Je mehr Zahlen gezogen wurden, desto weniger fällt der "Rückstand" von aktuell 57 Ziehungen prozentual ins Gewicht.

Vielmehr kann man sogar erwarten, dass bis dahin die am seltensten gezogene Zahl einen noch größeren Abstand zum arithmetischen Mittel hat, der aber trotzdem weniger als heute ins Gewicht fallen wird. Allerdings kann man sich beim Zufall noch nicht einmal darauf verlassen.

Mehr Sinn macht es, bei Glücksspielen auf die bisher häufigste Zahl zu setzen. Also beim Würfeln auf die 6, wenn die bisher besonders oft geworfen wurde. Rein mathematisch ist eine 6 zwar kein bisschen wahrscheinlicher als eine 1, 2, 3, 4 oder 5, aber vielleicht ist der Würfel manipuliert.

Mit an Wahrscheinlichkeit grenzender Sicherheit falsch

3. Januar 2011

Haben Sie vielleicht zu Weihnachten auch ein paar Bücher geschenkt bekommen? Mir wurde unter anderem „Mit an Wahrscheinlichkeit grenzender Sicherheit" unter den Weihnachtsbaum gelegt. Das Buch ist eine interessante und unterhaltsame Lektüre für alle, die Spaß an logischem Denken haben. Eine Reihe von Geschichten aus diesem Buch über Logik und Zufall werden Statistik-Interessierten allerdings sehr bekannt vorgekommen. Sie kommen in jedem zweiten Buch aus diesem Themenkreis vor, beispielsweise das Braess-Paraxon oder das Ziegenproblem. Eine interessante Abwandlung des Ziegenproblems findet sich allerdings in dem Kapitel "Ein Hotel mit fast drei Aufzügen":

Sie stehen in einem Hotel, in dem es drei Aufzüge gibt. Einer ist kaputt, sie wissen aber nicht welcher. Weil die Aufzüge zu weit auseinander sind, können Sie nicht schnell zum ersten ankommenden Aufzug laufen. Sie müssen sich entscheiden. Sie stehen also vor einem der drei Lifte und hören einen zweiten davon fahren. Dieser ist also nicht kaputt. Aber weil Ihr Hotel 100 Stockwerke hat und der funktionierende Aufzug auf dem Weg dorthin dauernd hält, wollen Sie nicht auf dessen Rückkehr warten. Sie wissen aber immer noch nicht, welcher defekt ist. Lohnt es sich, den Standort zu wechseln, ist es besser zu bleiben oder ist es egal?

Weil es über das Ziegenproblem im engeren Sinne bereits ganze Bücher gibt, möchte ich die Fragestellung nur kurz anreißen, soweit sie für das Verstehen des folgenden Problems nötig ist. Es handelt sich dabei um eine Entscheidung, vor der Kandidaten der US-Spielshow "Let's make a deal" stehen. In Deutschland tauchte das Ziegenproblem von 1992 bis 2003 leicht verändert in der Sendung "Geh aufs Ganze!" auf, wo die Ziege allerdings der Zonk war.

Im Original sieht die Aufgabe so aus: Ein Kandidat steht vor drei verschlossenen Türen. Hinter einer ist der Gewinn versteckt, hinter zweien steht eine Ziege – die Niete. Nach der Wahl einer Tür durch den Kandidaten öffnet der Spielleiter eine der drei Türen und fragt den Kandidaten, ob er seine Wahl überdenken und zu der zweiten noch verschlossenen Tür wechseln will. Wichtig ist dabei, dass es zwei Bedingungen gibt:

1. Es wird niemals die Tür geöffnet, die der Kandidat gewählt hat.

2. Es wird immer nur eine Tür mit einer Ziege dahinter geöffnet.

Diese beiden Einschränkungen sind extrem wichtig, um die Lösung zu verstehen. Denn wie die meisten Statistiker-Blog-Leser wissen, erhöht der Kandidat seine Gewinnwahrscheinlichkeit von einem auf zwei Dritten, wenn er wechselt.

Weil die meisten Leser das Beispiel kennen dürften, will ich es bei dieser kurzen Erläuterung belassen. Wer etwas mehr Infos möchte, dem habe ich ein paar Erklärungsansätze im nächsten Beitrag zusammengestellt.

In jedem Fall haben wir gesehen, wie wichtig die Bedingungen 1 und 2 sind. Nun zu unserem Aufzugsproblem. Lohnt es sich vor dem gewählten Aufzug stehen zu bleiben, wenn man hört, dass einer der anderen beiden

Lifte funktioniert, sollte man wechseln oder ist es egal?

Die richtige Antwort ist: Es lohnt sich zu bleiben, weil mir nach einem anstrengenden Tag nicht danach ist, jetzt zum nächsten Aufzug zu gehen. Aber abgesehen davon? Die Autoren sagen: Es lohnt sich zu bleiben, weil der Aufzug mit einer Wahrscheinlichkeit von zwei Dritteln fährt, der dritte Aufzug aber nur in einem Drittel der Fälle.

Sie sehen darin eine Umkehrung des Ziegenproblems. Ist es aber nicht und deswegen ist die Antwort falsch. Aufmerksamen Lesern ist es schon aufgefallen: Bedingung 1 ist nicht erfüllt, es hätte genauso gut der gewählte Lift als erster kommen können. Ist er aber nicht. In einer Matrix sieht das so aus:

Kommt zuerst	Zweiter	Defekt
Aufzug 1	Aufzug 2	Aufzug 3
Aufzug 1	Aufzug 3	Aufzug 2
Aufzug 2	Aufzug 3	Aufzug 1
Aufzug 2	Aufzug 1	Aufzug 3
Aufzug 3	Aufzug 2	Aufzug 1
Aufzug 3	Aufzug 1	Aufzug 2

Wer sich die Mühe macht, die (gleich wahrscheinlichen) Optionen durchzuzählen wird feststellen, dass wir am Beginn tatsächlich in zwei von drei Fällen vor einem funktionierenden Aufzug stehen. Haben wir Tür 1 gewählt, haben wir nur im dritten und im fünften Fall Pech. Nun kommt aber zuerst Aufzug 2. Damit scheiden die beiden oberen und die beiden unteren Fälle aus, es bleiben nur zwei wieder gleich wahrscheinliche Möglichkeiten.

Erläuterung zum Ziegenproblem

3. Januar 2011

Für alle, die mit dem Ziegenproblem aus dem Beitrag "Mit an Sicherheit grenzender Wahrscheinlichkeit falsch" nicht so vertraut sind, möchte ich an dieser Stelle noch mal einen kurzen Abriss geben.

Eine kurze Überlegung hilft, das logisch zu verstehen. Stellen wir uns 100 Türen vor mit einem Gewinn und 99 Ziegen. Es gelten die beiden Bedingungen:

1. Es wird niemals die vom Spieler gewählte Tür geöffnet.
2. Es wird immer eine Ziegentür geöffnet, keine mit einem Gewinn dahinter.

Nun werden nach den obigen zwei Bedingungen 98 Türen geöffnet. Spielen nun 100 Kandidaten, von denen keiner die Tür wechselt, würde am Ende mit einer sehr hohen Wahrscheinlichkeit rund jeder zweite Kandidat einen Gewinn mit nach Hause nehmen. Obwohl sie bei ihrer ersten Wahl nur eine Trefferwahrscheinlichkeit von 1/100 hatten! Warum sollte sich die Wahrscheinlichkeit ändern, nur weil der Spielleiter nicht alle Türen gleichzeitig öffnet?

Warum die Wahrscheinlichkeit sich für die zweite verbliebene Tür ändert, liegt wie im Beitrag beschrieben daran, dass wir einen Tipp vom Spielleiter bekommen haben. Er hat die Tür nicht geöffnet, obwohl er sie - im Gegensatz zur vom Spieler gewählten Tür - hätte öffnen dürfen. Dass die Tür zu bleibt, ist nämlich in jedem Fall rein zufällig.

Dass sich die zweite verbliebene Tür nicht geöffnet hat, kann Zufall sein - wenn der Gewinn hinter der ersten Tür liegt (1/100). Es kann aber auch daran liegen, dass sich die Tür wegen Bedingung 2 nicht öffnen durfte. Das Türöffnen hat die gleiche Auswirkung wie wenn der Moderator sagen würde: "Wollen Sie Ihre Tür behalten oder die anderen 99 Türen wählen. Wenn sie wechseln und der Gewinn hinter einer der 99 anderen Türen liegt, verrate ich Ihnen hinter welcher." Oder wieder anders ausgedrückt: Zu 99 Prozent befindet sich hinter der gewählten Tür eine Ziege und in diesem Fall lohnt sich ein Wechsel.

Man kann das auch an einem Beispiel nachvollziehen, der Einfachheit aber machen wir das wie im Original mit drei Türen.

Sie sind Spieler in der Show und haben Tür 1 gewählt. Nun gibt es drei Möglichkeiten:

Der Gewinn ist hinter Tür 1.

Der Gewinn ist hinter Tür 2.

Der Gewinn ist hinter Tür 3.

Die Wahrscheinlichkeit beträgt je ein Drittel.

Im ersten Fall wird der Moderator nun entweder Tür 2 oder Tür 3 öffnen. Egal, durch einen Wechsel verlieren sie in jedem Fall, also in 1/3 der Fälle.

Im zweiten Fall wird der Moderator immer Tür 3 öffnen. Sie gewinnen also durch einen Wechsel.

Im dritten Fall wird der Moderator immer Tür 2 öffnen. Sie gewinnen also durch einen Wechsel ebenfalls, weil der Spielleiter Sie auch hier durch das Öffnen davor bewahrt, die falsche Tür zu wählen. Deshalb sind aber die beiden Bedingungen auch so wichtig.

Landwirtschaft

Warum ein Kapitel mit Landwirtschaftsstatistik? Vor allem aus Tradition. Immerhin sind die ältesten regelmäßigen Statistiken vermutlich Landwirtschaftsstatistiken gewesen und lange Zeit waren Berichte und Daten über Ernten und Anbauflächen die wichtigsten Statistiken überhaupt.

In Zeiten des Überflusses sind diese Daten nur noch für Fachleute interessant, bis in die Zeitung schaffen sie es kaum noch. Ein Grund mehr, ihnen im Statistiker-Blog und in diesem Kapitel noch ein Refugium zu geben.

Eierstatistik

25. April 2011

Fast jedes zweite in Deutschland verbrauchte Ei stammt aus dem Ausland. 8,1 Milliarden Eier im Wert von 591,0 Millionen Euro wurden importiert, 600 Millionen Stück mehr als im Jahr zuvor. Das ist eine Steigerung um 7,9 Prozent. Im Vergleich zum Jahr 2000 wurden sogar 85,8 Prozent mehr Eier importiert. Damals lag die Einfuhr nur bei 4,4 Milliarden Eiern.

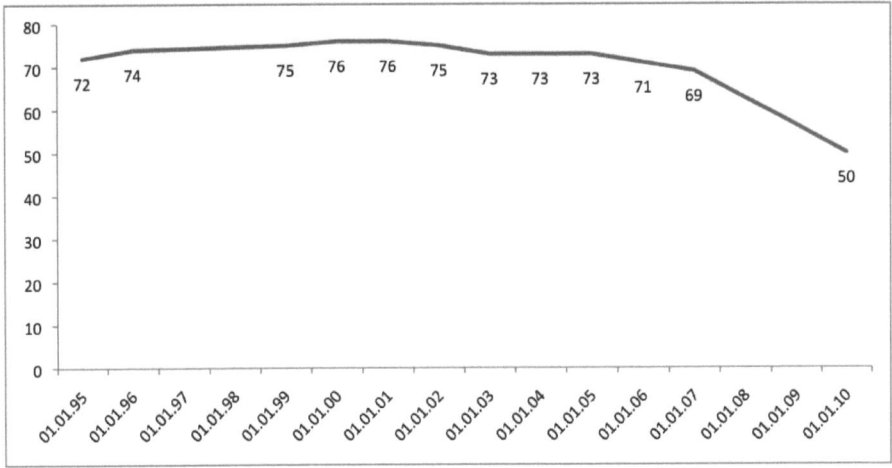

Bild 211 Selbstversorgungsgrad mit Eiern in Deutschland. Quelle: Bundesministerium für Ernährung, Landwirtschaft und Verbraucherschutz, Jahr 2010: Destatis (gerundet)

Schuld ist unter anderem das Verbot der Käfighaltung. Die daraus folgenden Umbaumaßnahmen hatten dazu geführt, dass 2009 weniger Legehennen gehalten wurden. 2010 gab es nach Angaben der Wiesbadener Statistiker wieder ein Plus, aber auch das reichte nicht um den Eierhunger der Deutschen zu befriedigen.

Der Selbstversorgungsgrad Deutschlands bei der Eierproduktion geht schon seit Beginn des Jahrtausends nach unten. Anfang des Jahrtausends lag er nach bei rund 75 Prozent. Im Falle einer internationalen Eierkrise müssten die Deutschen ihren Eierkonsum also drastisch einschränken. Leider war das Redaktionssystem des Bundesamtes über Ostern offenbar abgestürzt. Die Presseseite war daher nicht erreichbar. In Ermangelung genauerer Daten habe ich also die "rund 50 Prozent" aus der Presseinformation in die Grafik eingesetzt.

Allerdings geht die Pressestelle wohl etwas zu weit, wenn sie schreibt: "Nahezu jedes zweite Ei in hiesigen Eierbechern und Osterkörben stammt aus dem Ausland". Denn der größte Teil der Eier landet überhaupt nie in einem Eierbecher, sondern in einer Fabrik oder einer Bäckerei. Rund 4,7 Millionen Flaschen Eierlikör wurden in Deutschland im Jahr 2009 abgesetzt (wenngleich nicht alle aus deutscher Produktion).

Leider konnte ich keine Eierverwendungsstatistik finden und erst recht keine zur Eierverwendung nach Herkunftsland. Wenn man davon ausgeht, dass die deutschen Verbraucher weit mehr auf die regionale Herkunft ihrer Eier achten dürften als die Produzenten von Eierlikör, ist sicher mehr als jeder zweite Eierbecher mit einem deutschen Ei gefüllt.

Schrebers Gärten

6. April 2011

Mit Daniel Gottlob Moritz Schreber ist es ein bisschen wie mit John Harvey Kellogg. Beide hatten äußerst rigide Ansichten zu Sexualität, Moral und Erziehung und bei beiden ist heute die Person nur wenigen bekannt. Ihr Name steht aber für eine Erfindung, wenngleich im Fall von Schreber nicht ganz zu Recht, da der erste Schreberverein in Deutschland 1864 von Innozenz Hauschild gegründet wurde und zunächst nichts mit Gärten zu tun hatte.

Kellogg war der Meinung, dass Sexualität selbst zu Fortpflanzungszwecken zu Verblödung führe und lehnte jegliche körperlichen Genüsse ab, weshalb er zusammen mit seinem Bruder nach nichts schmeckende Maisflocken (Corn Flakes) erfand um den Amerikanern eine asketische Alternative zu Speck, Bohnen und Toast zu geben. Als der Bruder deren Geschmack durch die Beigabe von Zucker verbesserte, zerstritten sich beide.

Schreber suchte Methoden zur Verhinderung von Masturbation, erzog seine Kinder unerbittlich und schrieb mehrere Erziehungsratgeber. Vom derart pädagogisch wertvoll aufgezogenen Nachwuchs wurden drei geisteskrank, einer davon landete bei Sigmund Freud auf der Couch.

Aber damit haben wir uns ziemlich von der Statistik entfernt. Zu erwähnen wäre noch, dass der erste Schreberverein in Leipzig gegründet wurde und zunächst ein Erziehungsverein war. Der Verein ließ einen Platz zum Turnen errichten, den Schreberplatz, auf dem bald auch Gärtchen angelegt wurden, die nach dem Platz Schrebergärten genannt wurden.

Je Einwohner hat unter den 13 Städten mit mindestens 4.000 Gärten keine mehr Schrebergärten als Leipzig. 62 gibt es dort je 1.000 Einwohner, in Nürnberg auf Platz zwei sind es nur 47. Sogar absolut gibt es bis heute nur in den viel größeren Städten Berlin mit 69.300 und in Hamburg mit 36.000 mehr Schrebergärten als die 32.000 in Leipzig.

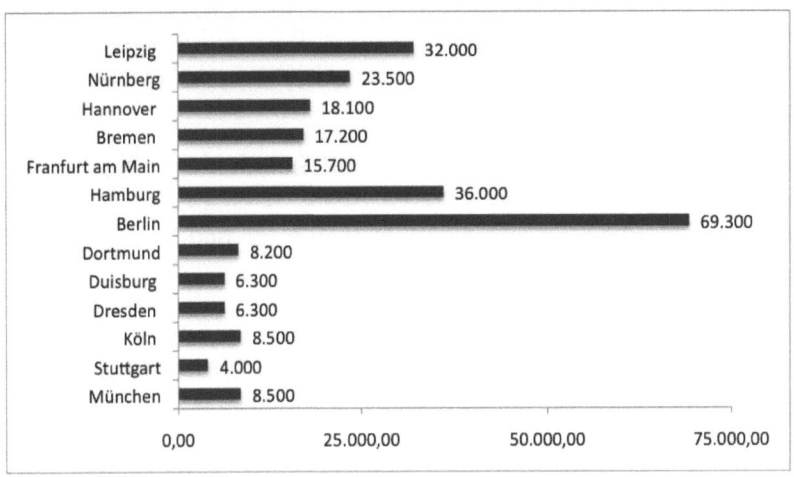

Bild 30 Zahl der Schrebergärten in ausgewählten Städten. Die Reihenfolge orientiert sich an der Zahl der

Gärten je 1.000 Einwohner

Schlusslicht ist München mit nur sechs Gärten je 1.000 Einwohner. Darüber ob es Zufall ist, dass die beiden einzigen überwiegend katholischen Städte unter den letzten drei stehen, lässt sich nur spekulieren. Arbeitet der protestantisch geprägte Nürnberger lieber im Kleingarten, während der katholisch geprägte Kölner beim Kölsch sitzt? Im Fall von München spielen sicher eher die hohen Bodenpreise eine Rolle.

36 Prozent der Fläche werden übrigens zum Obst- und Gemüseanbau genutzt, 24 Prozent sind Rasen und Wiese und 22 Prozent sind von Zierpflanzen und Blumenbeeten belegt. Die übrigen 18 Prozent entfallen auf Wege und die obligatorische Kleingartenlaube.

Pferdefleisch kaum gefragt

17. Februar 2013

Kann diese Statistik stimmen? Laut Bundesministerium für Ernährung, Landwirtschaft und Verbraucherschutz wurden 2011 gerundet nur 0,0 Kilo Pferdefleisch verbraucht. Ja, sie kann, denn die Zahl heißt mitnichten, dass niemand in Deutschland Pferdefleisch gegessen hat. Die Übersicht über den Pro-Kopf-Verbrauch von Lebensmitteln ist auf eine Nachkommastelle gerundet. Also haben die Deutschen seit 2005 jährlich weniger als 50 Gramm Pferd pro Kopf gegessen, erst unter 0,05 Kilo wird nämlich abgerundet. Zum Vergleich: bei Schweinefleisch waren es 2011 rund 54,0 Kilogramm.

Klar, dass illegal in Lasagne verarbeitetes Pferdefleisch nicht mitgerechnet wird. Kalauer gefällig? Woran erkennt man, dass Pferdefleisch im Fertiggericht ist? Der Energiegehalt wird statt in Joule und Kalorien in PS angegeben.

Die Deutschen essen nicht nur wenig Pferd, der Verbrauch ist auch deutlich zurückgegangen. Während heute insgesamt mehr Fleisch gegessen wird landet Pferd seltener auf dem Teller. 1950 waren es noch 800 Gramm gewesen.

Somit isst der Durchschnittsdeutsche noch maximal rund sechs Prozent dessen an Pferdefleisch, was sein Vorgänger 1950 zu sich nahm.

Vermutlich weil die Kunden wählerischer geworden sind und es weniger Nutzpferde gibt, die am Ende des Lebens auf dem Teller landen. Denn der Schweinefleischkonsum hat sich bis 1980 verdreifacht, seitdem ist er nur leicht gesunken.

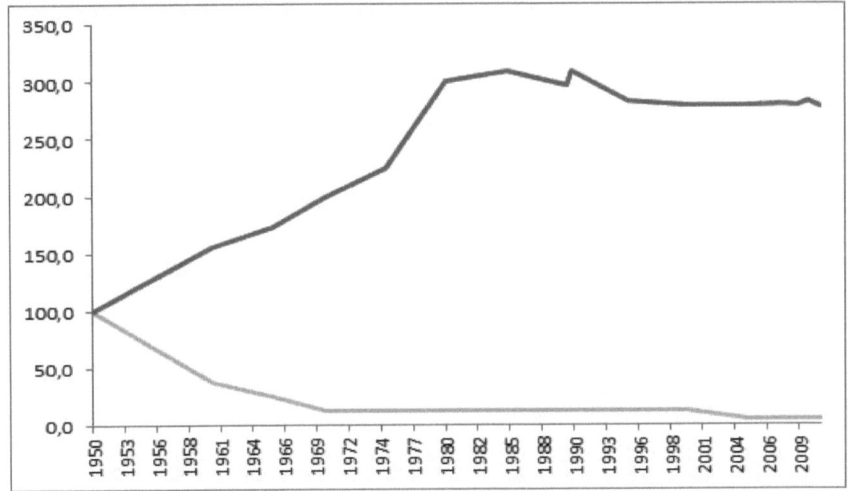

Bild 31 Relative Entwicklung des Konsums von Pferde- und Schweinfleisch seit 1950. 1950 ist jeweils 100. Die Grafik gibt nur die Entwicklung des Verbrauchs wieder, der Gesamtkonsum an Pferdefleisch lag auch 1950 schon deutlich unter dem an Schweinfleisch. Bis 1990 nur alte Bundesrepublik. Quelle: BMELV

2010 wurde nach Daten des Bundesministeriums für Ernährung, Landwirtschaft und Verbraucherschutz in Deutschland Pferdefleisch mit einem Schlachtgewicht von rund 3.000 Tonnen erzeugt. Etwas mehr als im Jahr zuvor, aber lächerlich wenig im Vergleich zu den rund 5,5 Millionen Tonnen Schweinefleisch.

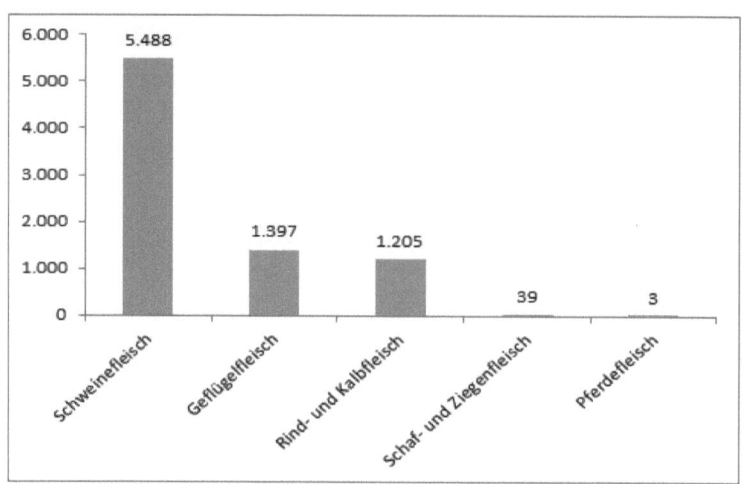

Bild 32 Nettoerzeugung von Fleisch 2010 nach Fleischart. Sonstiges: z.B. Wild oder Kaninchen. Innereien werden extra gerechnet. Alle Angaben in 1.000 Tonnen Schlachtgewicht. Quelle: BMELV

Für Pferdefleischliebhaber ist es mittlerweile gar nicht mehr so einfach, noch einen Pferdemetzger zu finden. Gut eignet sich Pferd übrigens für Sauerbraten. Und anders als bei Rindern oder Schweinen ist der Genuss von Pferd in keiner der großen Weltreligionen verboten.

Von Klärschlamm und anderen Leckereien

2. September 2012

Immer weniger Klärschlamm aus kommunalen Kläranlagen wird im Landschaftsbau eingesetzt. Das zeigt die Klärschlammstatistik des Statistischen Bundesamtes, die es tatsächlich gibt. Danach wurden 2009 in Westdeutschland rund 1,6 Millionen Tonnen Klärschlamm (gemessen in Trockenmasse) aus der biologischen Abwasserbehandlung von kommunalen Kläranlagen verwertet, in Ostdeutschland knapp 360.000 Tonnen. Insgesamt wurden somit 2009 in Deutschland rund 1,96 Millionen Tonnen Klärschlamm verwertet – das sind 4,5% weniger als im Jahr 2006.

Davon wurden 2009 rund 117.000 Tonnen Klärschlamm weniger für die Rekultivierung von Bergbauhalden, aufgegebenen Industriestandorten und anderen Einsatzgebieten im Landschaftsbau verwendet. Damit sank der Anteil dieser Verwertungsmethode von 19,5 auf 14,4 Prozent.

Deutlich zugenommen hat dagegen die Verbrennung. Mit 52,5 Prozent wird mehr als die Hälfte des Klärschlamms verbrannt. 2006 waren es noch 47,1 Prozent gewesen. Der Anteil des in der Landwirtschaft eingesetzten Klärschlamms blieb dagegen mit rund 30 Prozent konstant.

Klärschlammtechnisch gibt es weiterhin ein Ost-West-Gefälle. Während in den alten Bundesländern 56,0 Prozent verbrannt wurden, waren es in Ostdeutschland nur 37,2 Prozent. Hier wird dafür deutlich mehr Klärschlamm im Landschaftsbau eingesetzt. Mit 37,2 Prozent liegt der Anteil fast viermal so hoch wie im Westen mit 10,5 Prozent.

i want morebooks!

Buy your books fast and straightforward online - at one of world's fastest growing online book stores! Environmentally sound due to Print-on-Demand technologies.

Buy your books online at
www.get-morebooks.com

Kaufen Sie Ihre Bücher schnell und unkompliziert online – auf einer der am schnellsten wachsenden Buchhandelsplattformen weltweit! Dank Print-On-Demand umwelt- und ressourcenschonend produziert.

Bücher schneller online kaufen
www.morebooks.de

VDM Verlagsservicegesellschaft mbH
Heinrich-Böcking-Str. 6-8   Telefon: +49 681 3720 174   info@vdm-vsg.de
D - 66121 Saarbrücken   Telefax: +49 681 3720 1749 www.vdm-vsg.de

Printed by Books on Demand GmbH, Norderstedt / Germany